阿多诺选集

黑格尔三论

[德] 阿多诺◎著

Theodor W. Adorno

谢永康◎译

DREI STUDIEN
ZU HEGEL

上海人民出版社

国家社科基金项目资助（编号:19AZX003）

总　　序

　　如果没有特奥多·W.阿多诺,没有这个哲学家、音乐理论家和社会学家,就不会有批判理论。当然,还有其他人,为20世纪哲学的这个重要流派奠定了基石;也还有其他人,在这个学派的最初岁月里就公开地铸就了其知识形象(intellektuelles Erscheinungsbild)。马克斯·霍克海默开启了后来被称为"法兰克福学派"的批判理论传统,他于1930年被聘为社会研究所的所长,这个研究所是1923年在法兰克福建立的。在霍克海默还未被委以新任的时候,他身边就聚拢了一个由志同道合的科学家构成的圈子,一起以一种非正统的马克思主义精神来研究当时资本主义的结构和动力;此时他特别重视研究规划的经验性方向,采取学科交叉的项目形式,对西欧资本主义社会的实际发展——而不仅仅是假设的发展——进行探索。在开始的阶段,霍克海默认为意义特别重大的问题是,考虑到历史形势的改变,坚持马克思主义关于无产阶级革命潜力的旧有信条,是否还是合时宜的。与此相应的,是关于无产阶级成员的社会化条件和人格性形成的受精神分析影响的研究,这些研究从根本上规定了那时批判理论在公共领域中的形象。而阿多诺则相反,他受他的朋友霍克海默之托,在研究所从事哲学和美学方面的基础课题,从一开始就完全处于这种经验研究活动的阴影之中;他关于方法论、音乐理论和历史哲学的作品,虽然正合西方马克思主义的激进代表人物的小圈子的兴趣,但是最初在研究所的内部并没有更大的影响。当社会研究所结束美国的流亡,迁回法兰克福之后,这个由霍克海默建立的批判理论,除了阿多诺之外,就没有任何别的名字能够代表,而这已然是 20 年之后的事了;又过了 20 年,阿多诺被西德学生运动视为理论学派的知识分子首领,人们将反抗联邦共和国国内复辟和固化的关系的本质性冲动归功于这个理论学派。如今,被称为批判理论或者法兰克福学派的东西,几乎等同于特奥多·W.阿多诺的著作。因此,这个思想家对这个 20 世纪哲学最重要的流派之一所具有的杰出意义,乃是源于其否定主义方法的激进性,源于其理论工作的令人惊叹的涉猎范围,源于其思想姿态的刚正不阿。

在特奥多·W.阿多诺,这个天资聪慧的学生于 1930 年成为社会研究所的成员之时,他才刚刚 27 岁;此时他已经在维也纳跟随十二音音乐之父学习了音乐理论,并在他的家乡美因河畔法兰克福学习了哲学。在他关于一种批判理论的方法论的诸多早期作品中,就已经显露出否定主义的特征了,这些在后来构成了他的整个哲学和社会理论的根本特征。在结束了对格奥格尔·卢卡奇的《历史与阶级意识》的开创性研究之后,青年阿多诺便认为,社会世界处于资本主义经济的统治之下;只有在对外部自然和内部本性的控制可能性的工具性计算形式下,这种经济才允许人类理性的潜能发挥出来。阿多诺哲学的独特面貌是在其因纳粹掌权而被迫于 1938 年流亡美国期间才获得的,而在此之前他已经在英国的牛津大学停留了 3 年作学术研究。在美国,当时快要40 岁的阿多诺,开始逐渐意识到,被资本主义强迫推行的理性单一化在当时已经达到了如此程度,以至于社会生活的所有冲动和实施都受到了它的损害。因此阿多诺从现在开始将蔓延到全球的资本主义统治理解为一种"总体的蒙蔽关联"(totalen Verblendungszusammenhang),在其中主体、自然,包括心理感受,都被按照同一种模型来处理,这种模型将所有鲜活事物都归结为某种单纯物性的可支配的东西。阿多诺这种否定主义最终影响如此深远,以至于他同时作为音乐理论家和作曲家能够辨认出,只有在现代的、加密的艺术作品中,还留有反抗理性的社会病理学的一席之地;阿多诺的所有后期著作,无论是《否定的辩证法》《美学理论》《最低限度的道德》,还是那许多文化批判文集,都是这种思考的见证,它试图对抗资本主义对我们理性能力的肢解,回忆那沉睡在艺术中的、一种非同一化的世界关系的力量。借助于这个动机和基本思想,特奥多·W.阿多诺成为了所有批判理论在精神上的核心人物;任何在今天努力接续法兰克福学派传统的人,都必须接受阿多诺哲学的严格、严肃和远见的衡量。

因为阿多诺的著作在 20 世纪哲学中是如此独一无二和不可分割,现在上海人民出版社已经作出决定,出版一套规模宏大的著作选集,以让中国的公众能够受惠,这是功德无量的。这勇敢的一步,不仅仅标志着东西方知识文化之间迟来的接近;而且,它还是一个明确的信号,即无论在东方还是西方,在经济的应用兴趣和政治的权力诉求重新占据主导地位的今天,都需要一种思维,这种思维在对工具合理性的批判中,呼唤我们真实理性的人道和负责任的潜力。我们,在西方想要推进批判理论传统的我们,只能希望,这个宏大的、令人钦佩的阿多诺著作中文出版计划,对它自己的国度亦不无裨益。

阿克塞尔·霍耐特
2020 年 7 月于美因河畔法兰克福

献给卡尔·海因茨·哈格

目　　录

前　　言

在《黑格尔哲学诸方面》的新版提上日程的时候，笔者想用那时已
发表过的关于黑格尔哲学的经验内涵的论文来对之进行补充。不仅
如此，推动笔者的还有"三人成帮"(Tres homines faciunt collegium)这
句格言的类比：三篇研究论文即可成书，哪怕是一本薄薄的小册子。
因此，笔者按照一个酝酿已久的计划，将关于对黑格尔的理解问题的
诸多思考记录了下来。这些思考要回溯到笔者在法兰克福大学哲学讨
论班的工作。在那里，笔者与霍克海默反复研究黑格尔多年；此外，这
些思考还应该联系笔者在课堂上观察到的内容。鉴于我们两人在哲学
思想上的一致性，对于诸多相关阐释的责任人，便可以不用单独提
示了。

为了避免失望，需要强调的是，《晦涩，或者该如何阅读黑格尔》或
许并不强求完成对黑格尔主要文献本身尚未作出的澄清。关于该任务
它仅仅草拟出了一些原则性的思考；但无论如何，它对如下这点作出了
建议，即如何完成对黑格尔的理解，而又不放弃将这些思考具体应用到
文本上的任何努力。它并不是为了使阅读变得轻松，而是为了防止黑
格尔始终孜孜以求的那种异常的辛劳被浪费。黑格尔对认识理论作的
提示，即它似乎只有在所进行的单个阐释的贯彻中才能如愿以偿，或许
应该转换为对应该如何阅读黑格尔的指引。由此，作者自身必须设定

1

的一个入门的界限,似乎就被跨越了。笔者停留之处,恰是其应该开始的地方,希望这能够让某些显而易见的、笔者为之恼火的不足得到谅解。

250   这本著作整体上的意图,乃是为一个改变了的辩证法概念作准备。

法兰克福,1963 年夏

黑格尔哲学诸方面

像黑格尔逝世 125 周年这样一个编年史上的契机，肯定会诱骗出
某种被我们称为"评价"（Würdigung）的东西。* 但是评价的概念，即使
它曾经一度名副其实，如今已变得让人难以忍受了。这个概念呈现出
一个厚颜无耻的要求，即那些错以晚生为有幸的人，那些因职业之故围
绕着死者碌碌而为的人，必须谈论这个死者，并因此也专断地给他指派
位置，从而可以在一定程度上让自己凌驾于死者之上。在"康德，现在
还有黑格尔对当代意味着什么"，这样令人厌恶的问题中便携带着这种
无理要求——半个世纪前，所谓的黑格尔复兴便借助于克罗齐（Bene-
detto Croce）的一本书提出了这个问题，它自告奋勇地要将黑格尔哲学
中活的东西和死的东西分拣开来。只是相反的问题并没有被抛出：当
代对于黑格尔来说意味着什么；难道不正是这样一种理性——自黑格
尔的绝对理性以来，人们就想象自己是以已经获得了它的方式而存在
着——这种理性实际上早就倒退到黑格尔的理性之后，并去适应那单
纯的存在者，而黑格尔的理性则想要在运动中通过在存在者本身之内
起支配作用的理性来设置这单纯存在者的负担。所有的评价都超不出
《精神现象学》"序言"部分的一个判断的范围，这个判断是对那些仅仅
因为其不在事物之中，从而超乎事物之上的人作出的。他们事先就错

---

* 德文"Würdigung"源于动词"würdigen"，它兼有评价、鉴赏、尊重、赞许和承认等意
思。阿多诺此处一语双关，表明我们对前人的纪念活动包含着评估行为，而这其
中反而又隐藏着某种不尊。——译者注

失了黑格尔哲学的严肃性和具有约束力的东西,因为他们与黑格尔相反,推行着被黑格尔完全合理地蔑称为立场哲学的东西。如果人们不想在读到第一句话时被黑格尔驳回,就必须应对黑格尔哲学的真理要求(尽管这也总是不够的),而不是仅仅自上而下地,从而也就是自下而上地来讨论他的哲学。

252 与其他封闭的思想体系相似,黑格尔哲学利用了那可疑的优势,即其根本不允许任何批判。每一种细节上的批判都终究是局部的,也即错失了整体(Ganze),而这个整体总归会把这个批判考虑在内。但相反,去批判作为整体的整体,却是抽象的、"未经中介的",它会忽视黑格尔哲学的基本动机:它自身不允许提炼出任何"箴言"和任何普遍原理,而只是作为总体性(Totalität),在其所有要素的具体关联中显示它自身。那么,就仅有一种批判尊重黑格尔,它不因为害怕一种(似乎无论如何都会出错的)批判运作的那近乎神话学的错综复杂而气馁;并且去探究黑格尔本人所探讨的整体,而不是仁慈地承认或者冷漠地否认黑格尔的功绩。

如今,任何有一定影响的思想,其所恰当处理的意识经验,其实不仅仅是意识的经验,而且还包括活生生的人的经验,无不已然被存储在黑格尔的哲学之中了。但这并不是要借助于蹩脚的粗略见解来阐明,这个绝对唯心论者同样是一个伟大的实在论者,而且他尤其具有锐利的历史洞察力。黑格尔的洞见深入市民社会内部各种矛盾的不可调和性的那些内容之中,既不能与思辨(其肤浅的概念与黑格尔的概念毫无关系)分离开,也不能与一种令人厌烦的附属品分离开。毋宁说,这些洞见是由思辨产生的,并且一旦人们把这些洞见理解为单纯经验的东西,那么它们就丧失了其实体(Substanz)。"先天的应该也是后天的",这条定理在费希特那里还只是提纲性的,在黑格尔这里才得以贯彻,它并非冒失的空话,而是黑格尔哲学的命脉:这条思想定理激励了对固执的经验和静态的先天论的批判。在黑格尔迫使质料发声的地方,关于主客体在"精神"中原初的同一性、自身分裂的同一性和重新统一的同一性的思想就起着作用。否则,体系的无穷无尽的内容就仍然是单纯的事实积累,是前哲学的,或者是纯粹独断的,没有逻辑的说服力。理查德·克罗纳(Richard Kroner)反对把德国唯心主义的历史描述为从谢林到黑格尔的直线进步,是合理的。更确切地说,黑格尔是通过向费希特甚至康德的认识论冲动的回归,来抵御谢林自然哲学的独断因素。那么当然,正如其"导论"已经勾勒出的那样,《精神现象学》的动力就开始以认识论的方式冲破孤立的认识论立场,或者用黑格尔的话说,冲破抽象的认识论立场。据此,在黑格尔那里为思想所解释,其本身又滋养着思想的丰富的对象性事物,并不归属于思想的实在论品性,也不归属于他的思想回忆(Anamnesis)的方法,即精神之沉浸于自身,或者用黑格尔的话说,自身深度的钻研(in sich Hineingehen),存在的自身聚合(sich Zusammenziehen des Seins)。如果人们想要剔除黑格尔的唯心主义,以把黑格尔哲学的质料性内涵从那所谓过时了的、专断的思辨中拯救出来的话,那么保留在其手中的无非就是实证主义,还有就是陈腐的精神史。但是,黑格尔所思考的,也完全不同于那种嵌入背景之中的层次,对于这个背景,个别科学是视而不见的。他的哲学体系既不是科学的一个联合会(Dachorganisation),也不是一个天才式观察的混杂物。研究黑格尔著作的人有时会认为,在黑格尔去世之后,精神自以为通过明白的方法论和确凿无疑的经验所完成的相对于黑格尔的进步,似乎是一种绝无仅有的倒退,而那些相信从黑格尔的遗产中抓住了点什么的哲学家们,大多数又错失了经得住黑格尔思想考验的具体内容。

应该回忆一下首要地由科勒(Köhler)扩展为一个哲学类型的格式塔理论(Gestalttheorie)*。黑格尔已经认识到,相较于有限的、不充分的,并且在与整体的对立中充满矛盾的部分而言,整体具有优先地位。但是他既没有从整体性(Ganzheit)的抽象原理中推导出一种形而上学,也并非以"好的完形"的名誉来颂扬整体本身。黑格尔并没有让作为整体之要素的部分独立出来,与整体相对;在同样的程度上,这位浪

---

* 格式塔理论,也叫完形理论,主要流行于 20 世纪初欧美的心理学界,其主要意图乃在于强调完形(Gestalt)作为研究对象的优先性,从而试图避开传统哲学中的经验与先天、主体与客体等的分裂问题。——译者注

漫主义的批评者非常明白,只有贯穿部分,只有贯穿断裂、异化和反思,简言之,贯穿所有为格式塔理论所反感的东西,整体才能自我实现。他的整体仅仅是作为那些总是超出自身并且相反相成的部分因素的总概念(Inbegriff);而非超乎这些因素之外。他的总体性范畴旨在于此。总体性范畴与任何一种和谐主义倾向都不相容,即使后期黑格尔也总是在主观上怀有这样的倾向。对未被结合之物的确证(Konstatierung)和连续性的原理都同样地被他的批判性思想所侵袭;关联并非持续性过渡的关联,而是骤变的关联;变化过程并非在诸因素的亲近中实现,而恰恰是通过断裂来实现的。但是,现代格式塔理论借助于马克斯·舍勒(Max Scheler)的阐释而渴望反抗传统认识论的主体主义;如果现代的格式塔理论将对于整个康德传统来说是祛质的、混乱的感性质料和现象的被给予性,解释为已被规定的、结构化了的东西,那么黑格尔恰好是重点强调客体的规定性的,但却不就此神化感性确定性(《精神现象学》就是开始于对它的批判)或者任何一种理智直观(Intellektuelle Anschauung)。正是通过绝对唯心主义,通过这种无法容忍在扩张至无限者的主体之外有物存在的绝对唯心主义,通过这种把一切都卷到内在性漩涡之中的绝对唯心主义,赋予形式和意义的意识与单纯材料之间的对立被磨灭了。之后所有对所谓认识论和伦理学形式主义的批判,都能明确地在黑格尔哲学中找到,而他并未因此一蹴而就地跃入所谓的具体物之中,正如在他之前的谢林和如今的生存本体论那样。在黑格尔那里,主体向绝对精神无限扩张得到的结果是,作为居于这个精神之中的因素,不仅是主体,而且包括客体也都实在地(sachhaltig)出场,并且提出了其自身存在的所有要求。黑格尔哲学在材料上令人钦佩的丰富,本身就是思辨性思想的功能。思辨性思想帮助黑格尔,不单纯就认知工具,而且就认知工具的根本对象说出了本质性的东西,并且尽管如此,意识的批判性的自我反思从未就此而被解除。在黑格尔这里能够谈论的实在论,处于其唯心主义的进程之中,二者并不是异质的。在黑格尔这里,唯心主义倾向于蔓延到自身之外。

恰恰是黑格尔思想的极端的唯心主义顶峰,即主体—客体的建构,是决不能被当作放纵的概念的肆无忌惮而打发掉的。早在康德那里，这隐秘的动力源就产生了这样一种观念：分裂为主体和客体的世界——在其中，我们好似自身构造物的囚徒，只与现象打交道，而这并不是最终的目的。对此黑格尔补充了一个非康德的东西：当我们以概念的方式来把握障碍（Block）和主体性所设定的界限时，当我们将这些透视为"纯粹的"主体性时，我们就已经超出这个界限了。从很多方面看，黑格尔就是一个自身实现了的康德，他被这样一种观念推动着：知识，无论是什么知识，按照其自身的理念说就应该是总体的知识；任何片面的判断，都通过它的单纯形式无休止地意欲着绝对者，直到它在绝对者之中被扬弃。思辨唯心主义并非鲁莽地蔑视知识的可能性界限，而是要努力说出以下几点：任何知识，只要它是一种知识，真理的指引就已直接地内在于其中了；知识，为了在本质上是一种知识，而不是对主体的单纯复制，就不能仅仅是单纯主观的，它应该是柏拉图的客观理性那样的客观性，在黑格尔这里，这种客观理性的遗产与主观的先验哲学以化学的方式相互渗透。人们或许会用十分黑格尔的方式说，正是黑格尔绝对主体的建构，使得无法溶解于主体性之中的客观性得到了适当对待——而与此同时，人们也能够通过一种阐释对黑格尔再次进行反思，并从核心处改变黑格尔。足够悖谬的是，正是这种绝对唯心主义，才历史性地将在《精神现象学》的"导论"中被称为"单纯的袖手旁观"（bloße Zusehen）的方法释放出来。* 唯此，黑格尔才能够从事物出发来进行思考，似乎是将自身消极地托付给事物本身的内容，因为事物是借助于体系而被关涉到其与绝对主体的同一性之上的。事物在这样一种哲学中自身言说着，该哲学强有力地证实其自身与事物乃是一回事。作为费希特主义者的黑格尔在多大程度上强调"设定"的思想，强调通过精神而生产的思想，他的发展概念在多大程度上被理解为彻底主动的和实践的，他同时就在多大程度上消极地敬畏着被规定之物，把 256

---

* 参见黑格尔：《精神现象学》（上），贺麟、王玖兴译，商务印书馆 1979 年版，第 59 页。德文原文为"reine Zusehen"，疑为作者笔误。——译者注

握被规定之物无非意味着听命于其本身的概念。在胡塞尔的现象学中,自发接受性的学说占有一席之地。这种学说也是彻彻底底黑格尔式的,但是在黑格尔那里这并不局限于意识活动的某一个特定类型,而是在主体性和客体性的所有发展阶段上展开的。黑格尔处处都服从于客体自身的本质,对他来说这个本质就重新变成直接的,但恰恰是对事物纪律的服从,这需要概念的最大强度的努力。在主体的意图消解在对象之中的时候,这种努力便大功告成。将知识静态地拆解为主体和客体,是如今被人们接受的科学逻辑自认为理所当然的东西;按照那种真理的剩余理论(Residualtheorie),那些抹除了所谓主观因素而剩下的东西才是客观的,这种理论被黑格尔的批判击中了其空洞的核心;这个批判是如此致命,因为黑格尔并没有为这种理论设置主体与客体之间的一个非理性统一性,而是紧紧抓住主观与客观之间向来彼此相互区分的因素,然后又将其理解为相互中介的因素。在所谓的社会科学领域中,客体本身统统都是为“精神”所中介的,而知识的硕果并非通过将主体分离出去才被生产出来,毋宁说是凭借主体最高的努力,历经其一切精神冲动和经验而获得的——今天的社会科学通过自我反省才心不甘情不愿地被迫得出的这个洞见,却源自黑格尔的关联体系。这个洞见赋予黑格尔以超出那种肆虐主体的科学活动的优越性,这种科学活动倒退到了对单纯零散的事实、被给予性和意见的记录上,倒退到对最无效的、最偶然的主观事物的记录上。黑格尔是如此坦率地将自身交付给了其对象的规定性,其实就是交付给了社会的客观动力,但他却又

257 借助于他那贯穿一切实质性知识的主客体关系的构想,如此彻底地抵御住了非批判地接受事物外表(Fassade)的诱惑:本质与现象的辩证法运动到逻辑学的中心,不是没有缘由的。对此要提醒一种情况,即唯物主义版本的辩证法的掌管人、东方联盟的官方思想家们,将辩证法贬低为非反思性的反映论。若是缺少批判的发酵素,辩证法就会顺从地滑向独断主义,就像之前谢林的“理智直观”的直接性那样,而黑格尔论战的锋芒曾是指向这种直接性的。由于黑格尔批判了康德的形式与内容的二元论,通过将康德那些僵化的差异规定(按照黑格尔的阐释,还有

费希特的)卷入到动力论之中来,但却不使诸因素的不可溶解性牺牲在直接的、肤浅的同一性之中,所以黑格尔就使康德的批判主义得以实现。对于他的唯心主义来说,理性成为了对康德进行再次批判意义上的批判理性,作为否定的理性,作为推动那些仍然被坚持着的因素的静止状态的理性。那些被康德对置起来的两极,形式与内容、自然与精神、理论与实践、自由与必然、自在之物与现象,全部贯穿着反思,如此一来这些规定中就不再有哪一个是最终的了。为了能够被思考,以及为了能够存在,任何因素都出于自身而恰恰需要其他的因素,这些因素在康德那里是被对置起来的。因此,在黑格尔这里中介(Vermittlung)从来就不是两极之间的中间者(Mitteler),正如自克尔凯郭尔以来那最致命的误解所想象的那样;中介是贯穿两极,在它们之中发生的。这是黑格尔思想中激进的、与所有节制主义(Moderantismus)不相容的方面。黑格尔表明,传统哲学希望作为本体论基本成分而析出的那些东西,并不是些秘密的相互脱离的理念,反而它们任何一个都渴望其对立面,并且它们相互间的关系就是过程。但是,本体论的意义由此就发生改变了,这个改变是如此影响深远,以至于像如今一些黑格尔阐释者倾向于做的那样,继续将"本体论"这个词应用于一种所谓的基础结构,似乎是徒劳的,这种基础结构的本质恰恰在于,它并不是基础结构,并不是要素(ὑποκείμενον)。正如康德认为的,没有理性和建构者(Konstituens)的主体条件,任何世界和被建构者(Konstitutum)都是不可能的;添加上黑格尔唯心主义的自我反思就是,如果脱离事实性的主体,从而最终就是脱离那些并非单纯主观的事物,脱离"世界",那么任何建构者,精神的任何生产性条件都是不可能的。借助于这个坚定的回应(Antwort),传统形而上学百般依赖的遗产,即对万物必须能够回溯到的那个最终原理的追问,在黑格尔看来就变得迷误不堪了。

因此,辩证法这个黑格尔哲学的总概念,不能与那种方法论或是本体论的原理相提并论,好像用该原理来描绘黑格尔哲学,就如同用理念论来描绘中期柏拉图,或是用单子论来描绘莱布尼茨似的。辩证法不是精神的一种单纯的运作,通过这种运作,精神就可以逃脱其对象的束缚——在黑格尔那里，辩证法所起的作用确切说恰好相反，是客体与其自身概念之间的永久对立；辩证法也不是一种世界观，那种人们可以将现实压制到其图型（Schema）之中的世界观。辩证法很少青睐单一的定义，它本身也不适宜作任何单一的定义。辩证法是那种将理性自身的批判意识与对象的批判经验结合起来的不懈努力——验证（Verifizierung）这个科学概念根植于那种分裂和僵化的概念领域（如理论与经验），就是黑格尔对其宣战的领域。但是，如果人们非要追问黑格尔哲学的验证，那么正是辩证法的那种努力将无知（Ignoranz）这个概念的束缚甩掉的学说，已在最新的历史阶段上验证了自身；它是在这种程度上验证自身的，即它对抛开这种建构之可避免的主观任意，而且以单纯存在的东西为基准的尝试作出了如下判断：希特勒按照自身的意识形态，而且也是作为更强大利益的死心塌地的差役去消灭布尔什维克主义，而正是他的战争招来了笼罩在欧洲上空的斯拉夫世界的巨大阴影，

259 对斯拉夫世界黑格尔已带着不祥的预感说过，它尚未进入历史。但是，黑格尔有能力做到这一点不是通过一种历史性的先知眼光——对此黑格尔只感到轻蔑，而是通过那种建构性的力量，这种力量完全地进入存在的东西之中，但它作为理性、批判和可能性意识，却未曾取消自身。

但尽管如此，即使辩证法阐述了将世界还原为一个稳固的主观一极的不可能性，并在方法上追寻了主客体因素之间的交互否定及其产物，黑格尔哲学作为一种精神的哲学还是坚持着唯心主义的。只有内在于唯心主义的主客体同一性的学说——按照其纯粹形式总是已经导致主体的优先地位——给予黑格尔以总体的力量，以执行一种否定性的工作，让诸单个概念流动起来，反思直接之物，并接着再一次扬弃反思。对此最毫不掩饰的表达，我们可以在黑格尔的《哲学史讲演录》中找到。在黑格尔看来，费希特哲学不仅是康德哲学的完成，正如费希特自己一再确信的那样，而且黑格尔甚至说，"在康德、费希特以及谢林的哲学之外，没有别的哲学"[①]。同费希特一样，黑格尔在唯心主义方面谋求超越康德，即通过将现实的非自我意识的、既定的因素溶解在一种无限主体的设定之中。与康德体系费解的脆弱性相比，黑格尔称赞了

康德那些继承人的体系的更为坚定的一贯性,并且加强了这种一贯性。让黑格尔不明白的是,恰好是康德哲学式的断裂记录下了那个属于黑格尔自身对同一性哲学理解的、绝对必要的非同一性因素。相反,他评价费希特说:"康德哲学中缺乏思想性和一贯性的地方使得他的整个系统缺乏思辨的统一性,这一缺点为费希特所克服……费希特的哲学是形式在自身内的发展(是理性在自身内得到综合,是概念和现实性的综合),特别是康德哲学的一贯发挥。"② 他对费希特的赞同除此之外还有:"费希特哲学最大的优点和重要之点,在于指出哲学必须从最高原则出发,从必然性推演出一切规定的科学。其伟大之处在于指出原则的统一性,并试图从其中把意识的整个内容一贯地、科学地发展出来,或者像人们所说的那样,构造整个世界。"③ 可能很少有其他句子能比这些句子更加简洁地道出黑格尔与唯心主义之间充满矛盾的关系,道出其最高峰以及他所达到的转折点的了。因为在黑格尔看来,真理也就是体系,它不能把自己表达为一种这样的原理(Grundsatz),一种原初的原则(Urprinzip),而是全部命题借助于自身矛盾一个生成另一个的、有生命力的总体性;这些才是黑格尔哲学的内容。但这乃是费希特那种把世界从纯粹同一性、绝对主体以及一个原始设定中推导出来的尝试的确切的相对面。尽管如此,黑格尔仍强调了费希特演绎体系的假定条件是有价值的。比起费希特的知识学自身,黑格尔只是分配给第二条原理以更多的重要性。据黑格尔所说,并不存在那种费希特已把握住的、应当将现实性包含在自身之中的"绝对形式",具体的现实是以如下方式构建出来的,即思想掌握内容与形式的对立,并且如果人们愿意的话,从形式本身出发将对立的内容发展出来。就不忍受任何界限、消除每个差异规定的决心而言,黑格尔完全超过了费希特的唯心主义。由此,单个的费希特的原理就丧失了它们的终结性意义。黑格尔清楚地看到那远离辩证法的,万物应由它推导而出的抽象原理的不足。在费希特那里已成规模,但尚未展开的东西,成为了黑格尔哲学活动的推动力。原理所带来的结果,同时又否定了这些原理,并且打碎了它们的绝对优先权。由此,黑格尔不仅可以在《精神现象学》中从主体出发,

在对主体的自身运动的研究中把握所有具体的内容，并且可以倒转过

261 来，在《逻辑学》中让思想的运动从存在（Sein）开始。正确的理解是，开端和第一者的选择对于黑格尔哲学来说并不重要；黑格尔哲学不承认那第一者为在思想发展中从未改变自身、保持不变的固定原理。因此，黑格尔远远地超过了所有传统的形而上学和唯心主义的前思辨概念。尽管如此，唯心主义并没有被抛弃。黑格尔同费希特一起为反抗康德而追求一种思维过程（Denkverlauf），这种思维过程的绝对严谨和完美性已确立起精神的优先地位，即使是主体在每个阶段上都将自身规定为客体，并且反过来又将客体规定为主体。由于观察的精神想要证明，一切存在都是与精神自身、逻各斯和思维规定可比较的，精神就将自身提升为本体论上的最终者，即使精神同时想到了存在于其中的非真理，即抽象的先天物的非真理，并努力清除它自身的那些普遍论点（Generalthesis）。在黑格尔那种消除一切单纯主观主义的辩证法的客观性中，存在着主体的某种跳出自身影子的意愿。这个黑格尔的主体—客体就是主体。按照黑格尔自身的全面一贯性的要求，这就解释了那个未解决的对立，即缺乏任何抽象属概念的主体—客体—辩证法构成了整体，并且确实作为绝对精神的生命完成了自身。有条件者的总概念应该就是无条件者。因此首先在黑格尔哲学的空气中得以维持的东西，就是那悬而未决的东西，就是黑格尔哲学那永恒的迷津（Skandalon）：最高的思辨概念之名，正是绝对者之名、全然的解放之名，恰好在字面上就是那悬而未决的东西之名。黑格尔的迷津并不具备不清楚或是混乱的特征，它是黑格尔为了绝对的一贯性所必须付出的代价：这种一贯性在不能够清除一贯性思维的情况下，撞击到该思维的界限。黑格尔辩证法在其未解决的和脆弱的特性中发觉了它的最终真理，即它的不可能性，即使不考虑它作为自我意识的神义论就此获得自我意识，事情应该也是这样的。

262 　　但是由此黑格尔呈现出对唯心主义的批判：一种意识之内的批判，正如他对每种批判所要求的那样。他自己已抵达了这种批判的门槛。理查德·克罗纳用这样的话描述了黑格尔与费希特之间的关系，这表

述在某种意义上对费希特来说已然也是适用的:"只要自我是通过反思而被所有他者对设的,那自我就没有与所有他者区分出来;就这方面而言,不如说自我是属于对设的那一方,属于被设立者,属于思想内容和它的活动性的要素。"④德国唯心主义对于自我局限性这个洞见的回应——该洞见同样是反思哲学在它的现代科学的深造中艰苦地再次获得的东西,是费希特式的对个体(Individuum)与主体(Subjekt)的粗糙区分,终究也是康德在自我这个经验心理学根基与先验的我思之间的区分。最终的主体,如胡塞尔所说,是世界的一部分(ein Stück Welt)。它自己承担着相对性,但这并不适合于为绝对者奠定基础。它已经假设了,作为康德式的"被建构者"应当通过先验哲学才能得到说明。与此相对,"我思"和纯粹的同一性,在康德所强调的意义上是纯粹的,它们独立于所有物理时空上的事实。只有如此,所有在场者(Daseiende)才会毫无剩余地消解于它的概念中。在康德那里,这个步骤尚未执行。这样一方面,为了那使对自然的认知得以可能的真理,"我思"的范畴形式所需要的,是它们能获得的,但并不是发源于它们自身的内容;因此另一方面,"我思"自身和范畴形式被康德尊为一种给定事实的类型;就此而言,至少《纯粹理性批判》(对纯粹理性的批判)更多地是一个主体性的"现象学",而更少地是一个思辨体系。康德那苦思冥想的天真从未反思过的"我们"(uns)承认了范畴形式不仅在它们的使用中,也按照它们自身的起源,恰好与那些生存者(Existierende),亦即人类(die Menschen)有关联,生存者是由形式与感官材料的相互作用才引起的结果。康德的反思在此中断了,并就此见证了事实不可化约为精神,见证了诸因素之间的相互交叠。费希特并不满足于此。费希特超出康德,强行地把先验的主体与经验的主体的区别驱赶出去,并因二者的不可调和性的缘故,尝试使自我的原理从事实(Faktizität)中摆脱出来,借此表明唯心主义在其绝对性(Absolutheit)上的正确性,后者成为通向黑格尔体系的媒介。费希特的激进主义揭开了康德那里隐藏在先验现象学(transzendentalen Phänomenologie)的忽明忽暗之中的东西,但与其意愿相反,也将其绝对主体的问题暴露无遗。他将其称为一种"抽

11

象"(Abstraktion)，其后的所有唯心主义者和全部本体论者都最为谨慎地避免这个称呼。⑤尽管如此，"纯粹自我"应当限定它是从何者而被抽象出来，并且它本身也正是在这个意义上被限定，即它自身的概念离开这种抽象就是完全无法被思考的。抽象的结果从未与它被抽象出的源头相对，从未绝对地独立；因为"被抽象者"(Abstraktum)仍可适用于包含其之下的东西，恢复应当是可能的，被抽象掉的质总是与此同时、在一定程度上被保留下来，尽管是在最高的普遍性中。如果先验主体或是绝对精神的概念的构成，完全越过它能够被获得的个体意识，而将自己全然设定为物理时空上的某种东西，那么每个概念都不再能够兑现它自身；此外，打破所有原始物神(Fetisch)的概念本身就是一个神，自费希特以来的思辨哲学家都没有认清这一点。费希特使抽象自我实体化，黑格尔正是在这一点上与其密切相关。他们二者都忽略了，"自我"这种表达（纯粹自我、先验自我抑或是经验自我、直接的"自我"）无论如何必须标明某种意识。叔本华在论战中用他的人类学——唯物主义的转向反对康德时，就坚持了这一点。至少在道德哲学中，康德的纯粹理性"就没有被理解为其唯一所是的人类认知能力；而是被实体化为某种自为存在着的东西，全无任何许可，甚至没有最无害的例证和经历。而我们当今这个糟糕的哲学时代，则可以充当这个例证。的确，这种不是为了作为人类的人类而确立的道德，而是为了所有理性存在者本身而确立的道德，对康德来说，是如此关心的主要原则，如此喜欢的观念，以至于他一有机会就不厌其烦地反复说到它。但是相反，我坚持认为，我们决没有资格把我们仅仅在唯一的种中知道的东西，提升到一个属。因为我们能带进我们关于这个属的观念，只不过是我们从这一个种中已抽象出来的东西；因此，我们断言为这个属的属性，终归只能被理解为是这唯一的种的。而相反，如果人们为了形成属而（没有任何根据地）从思维中除掉了属于这个种的东西，那么他们或许恰恰已经留下了其他种得以可能的条件，并将其作为属的实体化属性而留存下来了"⑥。但是，即使在黑格尔那里，例如精神和自我意识这样的重点表述，其本身也是排斥有限主体之经验的——这事实上并不是语言上的疏忽；当然他也不能将绝对精神与经验个人之间的联系割断。费希特和黑格尔的绝对自我作为经验自我的抽象,或许还没有如此彻底地剔除掉特殊内容。如果它根本就不再是它的抽象所从出的那个东西,即自我,如果它完全地外化到与它的概念一道被设定下来的事实性之中,那么它就不是那种精神本身的存在,那个知识的故乡,那个在宏大的唯心主义体系中被主体性的优先性反过来唯一依赖的知识之乡。一个大写的自我在任何意义上都不再是自我,也就是说,缺乏与个体意识的任何关联,从而也就必然缺乏与时空之中的人格的任何关联,那简直就是胡说八道,不仅是如黑格尔所批评的那种存在概念的反概念(Gegenbegriff),即那种自由浮动和不可规定的东西,而且也是一种不再可能把握的自我,即不将自身提供给意识的自我。对绝对主体的分析必定要承认经验和非同一因素的不可溶解性,而绝对主体的学说,即唯心主义的同一性体系却无法缓解地不允许对此的承认。按照其自身概念的封顶贺词(Richtspruch)*,黑格尔哲学是不真的。但是它究竟为什么又是真的呢?

265

要回答这个问题,人们必须辨读出从头到尾统治着黑格尔哲学的东西,而不让其僵化。这就是精神。它并非与一个非精神的、物质性的东西对立起来;它原本并不是一个特殊客体的领域,即后来的精神科学的领域。它毋宁说是未被限定和绝对:因此在黑格尔那里,它当然就被强调说是康德实践理性的遗产。但是按照《哲学百科全书》中的规定,它"在本质上是活动的、生产性的"⑦,正如康德的实践理性已跟理论理性在本质上作了如下区分,即实践理性创造了其"对象",创造了行动。康德的自发性因素,即被设定为与构成性的同一性直接等同的统觉的综合统一性——康德的"我思"概念就是产生性的自发性与逻辑同一性之间等同的表达方式,在黑格尔这里就完全变成总体性的,并且在这种

---

* Richtspruch 本为德国建房过程中的封顶庆典(Richtfest)上的祝词。阿多诺用来比喻黑格尔的概念体系的建构完成之后对其整体评价,表明黑格尔本身反对那种脱离个别意识和人类实存的绝对性理解,因为黑格尔从不认为绝对精神脱离了它有限的意识形态,也没有脱离现实的世界。——译者注

总体性之中,它是思维的原则,同样也是存在的原则。但是,由于黑格尔不再将产生和行动树立为与质料相对的单纯主观功绩,而是在特定的客体之中,在对象性的现实之中发现它,那么他就不用紧靠着那个躲藏在综合的统觉后面的秘密之地,而这个现实则超出了抽象概念的单纯任意的假设。然而这无非就是社会劳动。在 1932 年才发现的《1844年经济学哲学手稿》中,马克思就首先认识到这一点了:"黑格尔的《现象学》及其最后成果——作为推动原则和创造原则的否定性的辩证法——的伟大之处在于……他抓住了劳动的本质,把对象性的人、现实的因而是真正的人,理解为他自己的劳动的成果。"⑧活动的先验主体与单纯经验的、单个的和偶然的主体相对立,前者的普遍性因素并不是头脑的荒诞想法,例如与单独个别思想行为的事实过程相对立的逻辑命题的有效性;这种普遍因素毋宁说乃是(考虑到唯心主义的普遍性论题)劳动的社会本质的隐匿表达,这种劳动只有**为了**他人,并且与他人的劳动可通约,才成为社会性的劳动,成为那种超越了单个主体之偶然性的劳动。按照亚里士多德的《政治学》,主体的自我持存对他人劳动的依赖,不亚于对诸多单个人行动的社会的依赖。将精神的生产性因素回溯到一个普遍主体,而非回溯到个体的、向来劳动着的单个人,就将劳动规定为组织化和社会化的劳动;它自身的合理性,即诸多功能的秩序,就是一种社会关系。

将黑格尔的精神概念转写为社会劳动,会引起一种社会学主义的指责,即将黑格尔哲学的起源和影响与它的内涵相互混淆。毫无疑问,黑格尔像康德一样,是一个先验分析家。或许还需要详细地证明,黑格尔作为康德的批判者,曾经努力将其理性批判的意图带到其适当的状态,正如费希特已经对康德纯粹理性概念所做的强行突破那样。黑格尔的范畴,尤其是精神范畴,坠入到先验的构成者的领域。但是社会,即经验个人之间的功能性联系,在黑格尔那里应该是(用康德的话说)被构成者,是那种现实存在者的一部分;这种现实存在者被《大逻辑》——在关于绝对的无条件者和关于作为生成物的实存的学说中——从绝对者中发展出来,而这个绝对者据说是精神。⑨将精神解释为社会,从而就显得是范畴混淆(μετάβασις εἰς ἄλλο γένος),仅仅是因为这一点就已经与黑格尔哲学的意义不相符合了,即因为它违背了内在批判的准则,试图在一个黑格尔哲学外部的东西上把握这个哲学的真理内涵,而这些外在的东西在这种哲学本身的框架中已经作为有限者或被设定者被推导出来了。详尽的黑格尔批评当然能够阐明,这种演绎对他来说是并不成功的。实存这个语言表述,必然也是一个概念物,与它所指出的东西,与非概念物,与未融入同一性的那种东西相混淆。⑩在黑格尔哲学内部,精神的绝对性不能被一贯坚持,至少他的哲学本身在这个意义上证明了这一点,也就是说他的哲学所找到的无非是分裂的总体性中的绝对者,无非是与其他者的统一性中的绝对者。但是反过来说,社会就其自身而言并不是单纯的定在,不是单纯的事实。只有就一个外在反题的,在黑格尔的词义上就是抽象的思想来说,精神与社会之间的关系才是构成者和被构成者之间的先验逻辑关系。黑格尔为经验的那些孤立单个因素相对立的精神所预留的空间,恰恰归属于社会。这些单个因素被社会所中介,为社会所构成,不过就像对一个唯心主义者而言,诸事物(Dinge)通过精神而被中介那样,在任何单个的社会影响作用于社会现象之前:它显现在这些现象中,正如黑格尔那里的本质显现在现象中一样。社会是一个像精神一样具有本质性的概念。作为通过劳动以再生产其类生活的主体的统一性,在社会中就产生出客观的东西,它独立于所有反思,无论劳动者和劳动产品的特殊性质如何。社会劳动的等价原则,使得近代资产阶级意义上的社会成为抽象的社会,成为最名副其实的社会,完全如黑格尔用其概念之概念所强调的那样。因此思想的任何一步都撞上社会,但是没有哪一步能够清楚地指出其本身,指出其为诸事物下面的事物。要去保护精神概念免遭残酷事实的污染,并借此将事实的残酷性升华为精神,借此让其得到辩护,是什么允许辩证法家黑格尔去做这件事,只是次一级的问题。抽象的社会劳动本身都未曾意识到的经验,在那对它进行着反思的主体面前自己魔幻化了。对这个主体来说,劳动变成了经验的反思形式,变成了精神的纯粹行动,变成精神创造性的统一性。因为在精神

267

15

之外，一无所有。但是，在总体性的精神概念中消失了的残酷的事实（factum brutum），摇身一变又成为了逻辑的强制。单个事物不能逃脱这种强制，正如单个人不能逃脱社会的束缚那样。只是这种强制的残酷性在这种制造出来的同一性学说中引起了和解的假象。

早在黑格尔之前，在唯心主义体系中将精神规定为源始的创生的那些表述，本身毫无例外地都是排斥劳动领域的。但是其他表述，因为用先验综合所指的东西无法摆脱其与本来意义上劳动之间的联系，便没有出现。以体系的方式规则化的理性活动，转向了劳动的内部；向外部进行的劳动的压力和强制，继续留存在知识围绕着"客体"所进行的反思性和模型化的辛劳（Mühe）之上，而这种辛劳又反过来是不断进步的自然统治所必需的。古代就已经产生了的知性与感性之间的区别，就表明了知性作为感性之单纯给予物的对立面，似乎没有回报就会做某些事情：感性给予物在此就像田地里的水果，而知性的操作则站在任意（Willkür）一边，它可能发生或者不发生，人们借助它才形成一个伫立于他们眼前之物。逻各斯的优先性往往是劳动道德的一部分。思维的行为方式本身，无论其内容如何，就已然是与自然的争辩，这是成为思维习惯并内化于思维的；侵入，绝非单纯的接受。从而谈论思维就处处与谈论质料纠缠在一起；对于质料，思想知道其与质料是区分开的，其目的乃是为了塑造（zuzurichten）它，正如劳动对其原材料所做的那样。对于所有的思维来说，那种粗暴的努力（Anstrengung）因素——反映了生活之紧迫，就被树立起来了，而这正是劳动的特征；概念的辛劳和努力绝非隐喻。

精神的意识作为活生生的活动以及其与现实社会主体的同一性，这一点对于《精神现象学》时期的黑格尔来说还未衰退——相对于后来的黑格尔而言。这时的黑格尔已经承认了自发的精神为劳动，即使不是在理论上，也是借助于其语言作出了承认。自然意识走向绝对知识的同一性的道路本身就是劳动。精神与给予性的关系按照社会进程的模型，也就是说劳动过程来显现："最初的知识或直接的精神，是没有精神的东西，是感性的意识。为了成为真正的知识，或者说，为了产生科学的因素,产生科学的纯粹概念,最初的知识必须经历一段艰苦而漫长的道路。"⑪这绝对不是形象化的修辞:精神若要是现实的,只有其劳动首先是现实的才行。黑格尔的"概念的劳动"不能无原则地转写为学者 269 的活动。后者作为哲学,同时被黑格尔并非徒然地设想为一种消极的、"袖手旁观的"活动。哲学家所做的工作,无非就是帮助我们说出,在事物本身中起作用的是什么,说出作为社会劳动并与人类相对的客观内涵是什么,告诉人们它仍然是人类劳动。"那非本质的意识努力以求达到统一的运动",《精神现象学》接下来是这么说的,"本身也具有三个环节:第一,作为纯粹的意识,第二,作为个别的存在,这存在以欲望和劳动的形式对待现实性,第三,作为对它自己的自为存在的意识"⑫。

黑格尔的阐释有权利坚持,在其哲学中相互区别的主要因素,往往就是每个单一因素,同时也是整体。但是,这肯定也适用于作为一个对现实的关系的劳动概念:因为这样一个概念,作为主体—客体—辩证法,就是总的辩证法。欲望和劳动作为这些概念的核心关联,将辩证法从与抽象精神的抽象活动的单纯相似性中解放了出来。在其未被削减的意义上,劳动事实上就是与欲望相结合的,但它又反过来否定欲望:它满足人类在所有阶段上的需要,帮助摆脱它的贫困,再生产它的生命,为了这个再生产而苛求其放弃自身。即使在其精神形态中,劳动也是一种延长了的,提供生活资料的手臂,也就是独立的,且诚然与其本身的知识相异化的自然统治原则。但是,一旦唯心主义将劳动的总体歪曲为其自在存在,将它的原则升华为精神之形而上学的、纯粹的活动(actus purus),倾向于将那些向来是人类创造的东西,会犯错和有条件的东西,连同人类所承担的劳动,都美化为永恒的和正当的,那么它就错了。如果允许对黑格尔的思辨进行思辨,那么人们或许会在精神扩展为总体性的过程中想到头足倒置的知识,精神恰恰不是孤立的原则,270不是自足的实体,而是社会劳动中的一个与体力劳动相分离的因素。但是体力劳动必然指向一个它自身所不是的东西,指向自然。离开这个概念,劳动以及最终作为其反思形式的精神,就是不可想象的,正如离开劳动自然是不可想象的一样:二者相互区分,又相互中介为一。马克思的《哥达纲领批判》越是如此准确地提出了一项被深锁在黑格尔哲学中的事实内容,它就越是很少被认为是针对黑格尔的论辩。这涉及一条人人喜爱的格言,即"劳动是一切财富和一切文化的源泉",这是应该被反驳的:"劳动不是一切财富的源泉。自然界和劳动一样也是使用价值的(而物质财富本来就是由使用价值构成的!)源泉,劳动本身不过是一种自然力的表现,即人的劳动力的表现。上面那句话在一切儿童识字课本里都可以找到,但是这句话只是在它包含着劳动具备了相应的对象和资料这层意思的时候才是正确的。然而,一个社会主义的纲领不应当容许这种资产阶级的说法,对那些唯一使这种说法具有意义的条件避而不谈。只有一个人实现就以所有者的身份来对待自然界这个一切劳动资料和劳动对象的第一源泉,把自然界当作隶属于他的东西去处置,他的劳动才成为使用价值的源泉,因而也成为财富的源泉,资产者有很充分的理由给劳动加上一种超自然的创造力,因为正是从劳动所受的自然制约性中才产生出如下的情况:一个除自己的劳动力外没有任何其他财产的人,在任何社会的和文化的状态中,都不得不为占有劳动的物质条件的他人做奴隶。"⑬ 但是,黑格尔因此就可以毫无代价地对脑力劳动与体力劳动的分离发言,不是将精神解码为劳动的孤立方面,而反倒是将劳动蒸发为精神的一个因素;在一定程度上可以说他选择了以点代面(pars pro to to)这个修辞形象为准则。如果劳动

271 脱离了与其自身不同的东西,那么它就变成了意识形态。那些支配别人劳动的人,将尊严本身,将那种绝对性和源始性加诸自身,这恰恰是因为劳动仅仅是为了别人的劳动。劳动形而上学和占有别人的劳动是互相补充的。这种社会关系将非真理性强加给黑格尔,即主体乔装为主体—客体,也就是在总体中否认非同一物,而无论那非同一物在任何局部判断的反思中获得了怎样的应有权利。

　　抛开主奴辩证法那章不论,黑格尔的生产性的、精神的、作为劳动的本质,以惊人的方式最明显地出现在《精神现象学》关于"自然宗教"的学说中,在其第三个阶段,精神之物才"作为人类劳动的产物"⑭成为了宗教的内容:"于是,在这一阶段,精神表现为工匠,并且通过它的行

为,它使它自己成为对象,但是它还没有把握住它自己的思想,所以它的行为乃是一种本能式的劳动,就像蜜蜂构筑它们的蜂房那样……金字塔的方尖石柱的结晶体……就是这种工匠按照严格的(几何学)形式搞出来的作品。"⑮因为黑格尔并不是将物神崇拜简单地与宗教对峙起来,作为更粗陋和堕落的阶段,而是本身作为宗教精神形成的必要因素,并从而在《精神现象学》的主体—客体—辩证法的意义上,在宗教内涵本身,最终在绝对者本身的意义上而得到规定;人类劳动在其物性的质料形态上,被纳入作为绝对者的精神的本质规定。这里只需要稍微回忆一下劳动那种同时被中介但又无法溶解的自然因素,那么黑格尔辩证法的名字就呼之欲出了。

如果借助于脑力劳动与体力劳动之分,特权会预定脑力劳动,因为尽管它对体力劳动这个对立面作了诸多断言,脑力劳动还是要容易一些;而体力劳动也一再地出现在精神的过程中,出现在通过想象而被中介的对精神活动的模仿之中;精神根本不能完全摆脱与自然统治之间的关系。为了统治自然,它便听命于自然;甚至它那骄傲的自主权也是它用苦难交换来的。⑯但是,形而上学将精神作为一种其本身并未意识到的劳动而变成了绝对者,这种精神的形而上学就是精神自身复杂性的一种肯认,就是一种自行反思着自身的精神的尝试,即尝试通过让精神去传播那种它所屈服其下的诅咒,将这种诅咒转变成赞美的含义,并为其作出辩护。在此,黑格尔的意识形态哲学就可以提前渗透进来了:对资产阶级那种劳动赞美的无与伦比的过高阐释。黑格尔那朴实的实在论就找到了它的避难所,此实在论的特征恰恰就存在于唯心主义体系的最高位置上,存在于《精神现象学》结尾处欣喜若狂地宣告的这个绝对者身上。劳动带有欺骗性的同一化与绝对者之间仍然有着理由充分的基础。倘若世界构成一个体系,那么这个体系乃是通过社会劳动的封闭的普遍性而形成的;这个社会劳动事实上是一种彻底的中介,例如人类与自然之间的中介,之后才是自为存在着的精神之中的中介,这个精神不能容忍任何外部的东西,并且排斥任何对这种外部事物的回忆。在这个世界上,没有什么东西不是通过社会劳动而对人显现的。

即使是劳动没有对之施加作用的纯粹自然,也正是通过其与劳动之间的否定关系而规定自身的。只有对所有这些的自我意识,才可能让黑格尔辩证法超越自身,而这种自我意识又是辩证法所禁止的:这将说出那个让它入迷的名称(Namen)。因为除了被劳动过程所贯穿的东西之外,没有任何东西被意识到,那么劳动就变成了正当和不正当,变成了绝对者,灾难变成了幸福;因此,这个作为部分的整体,在那个显现着的意识的科学中便强行且不可避免地占据真理的位置。因为劳动的绝对化乃是阶级关系的绝对化:在人性上说一方单纯是劳动,而另一方则单纯是统治。精神知道这点,即使是未得允许知道这点;这就是哲学的整个的贫困。但是,劳动直接提出形而上学原则的那个步骤,无非是对其"质料"的合乎逻辑的清除,这种质料是与任何劳动真切地结合在一起的,是标定着劳动的边界,此边界唤起了下一层级劳动的记忆,并建立起了与劳动自主权的(Souveränität)关系。因此,认识论就巧妙地耍着273 把戏,直到被给予物成为了自身产生于精神的东西的假象。下述这一点应该消失,即哪怕是精神也处于劳动的强制之下,且劳动本身也是如此;这一宏大的哲学将强制的总概念当作自由来加以照本宣科式地抄录。因为将实存者化约为精神不能成功,因为黑格尔还能意识到的认识论立场在其本身的展开中必须被遗弃,所以这个宏大的哲学就被驳倒了;但是这种哲学的真理在于,在这个通过劳动所构成的世界中,没有任何东西能够走到一个另外的、直接的世界中去。对精神与劳动的同一化的批判,只有在面对他的哲学概念时,借助于它自己本身所做的东西来进行,而不是通过回溯到某种向来矫揉造作地积极的先验化来进行。

精神没有完成这点。人们知道,黑格尔所强调的体系概念当然与实证科学的推论体系并不相符,黑格尔的概念应该被理解为有机的:所有部分因素都借助于一个整体相互生生不息,而这个整体本身已经内在于每一个部分因素之中了。这个体系概念蕴含着主体与客体之间那展开为无所不包的绝对者的同一性,并且这个体系的真理与那个同一性一毁俱毁。但是,这个同一性,即现实对抗性世界中通过精神的完全和解，只是单纯的主张。和解的哲学预期侵犯了现实的和解；与这种哲学预期相矛盾的东西，就被它推给对哲学不尊重的惰性实存。但是无漏洞的体系与完成了的和解并不是同一个东西，它们甚至是矛盾的：体系的统一性乃源于不可和解的暴力。为黑格尔体系所把握到的世界，完完全全地是一个体系，也就是一个彻底社会化了的社会，只是到今天，一百二十五年之后，才魔幻般地得到证实。黑格尔最伟大的功绩，即将社会的那种体系特征从概念中阅读出来，大大地早于这个社会在黑格尔自己所生活的那个资产阶级发展非常落后的德国所能够达到的状态。通过"生产"，通过社会劳动按照交换关系连接起来、团结起来 274的世界，依赖于其生产的社会条件的所有因素，就此在事实上实现了整体对部分的优先性；在其中，今天的每一个个人那种绝望的无力感，就证实了黑格尔那乐观热情的体系思想。制造和生产的崇拜本身并不仅仅是自然统治和无约束的自我活动的人类的意识形态。在这个崇拜中，所有存在物都仅仅是为了他者而存在的那种普遍交换关系，处于社会生产的支配者的统治之下，这一点被反映出来了：这种统治是以哲学的方式被崇拜的。为他者而存在，这个所有商品实存的公开合法性根据，恰恰仅仅是被生产所顺带辩护的。正是在这个没有什么东西是为了自身的缘故而存在的世界，同时也是这个被启动了的、遗忘其人类规定性的生产活动的世界。生产的这种自我遗忘，即交换社会那种贪婪的、破坏性的扩张原则，反映在黑格尔的形而上学之中。它描述的不是历史概观，而在本质上说乃是世界本身究竟（eigentlich）是什么，而不用在此通过追问本真性（Eigentlichkeit）来制造蓝色烟雾欺骗观众。*

资产阶级社会是一个对抗的总体。它只有通过其对抗来保存生命，而不能够将其平息。在由于其复辟倾向、对现存事物的辩护以及对国家的崇拜而最声名狼藉的黑格尔著作，即《法哲学原理》中，这一点被直截了当地表达了出来。正是黑格尔的古怪性情，正是这些富有挑衅

---

* 在此阿多诺提到的本真性（Eigentlichkeit），是当时流行的现象学尤其是海德格尔哲学的关键词。阿多诺认为这是现象学操作的结果，而这实质上将真理问题引向一个空洞的领域。——译者注

性的地方,让西方世界最著名的思想家如凡勃伦(Veblen)、杜威和桑塔亚那(Santayana)等将他与德国帝国主义和法西斯主义一并扔掉,因为这些都是从总体性本身的对抗特征的意识中推导出来的。因此,黑格尔那里对国家的神化不应该被低估,不应该被处理成单纯经验性的偏差和非本质的添加。但是,它本身却产生于对市民社会自身运动过程中的矛盾的那种并非质朴的东西的洞见。像这样的地方是关键性的:"这里就显露出来,尽管财富过剩,市民社会总是不够富足的,这就是说,它所占有而属于它所有的财产,如果用来防止过分贫困和贱民的产生,总是不够的。……市民社会的这种辩证法,把它——首先是这个特定的社会——推出于自身之外,而向外方的其他民族去寻求消费者,从而寻求必须的生活资料,这些民族或者缺乏它所生产过多的物资,或者在工艺等方面落后于它。"⑰贫困,用黑格尔的古代术语说就是贫困化(Pauperismus)与社会财富一道增长,这一点资本主义社会的自由博弈就已经熟知了,而黑格尔也接受了其自由经济学理论,对此也没有什么应对措施,同样他也不能想象生产的一种增长,能让社会不够富足之说沦为笑谈。国家作为在这种博弈之彼岸被呼唤出来的机关,是让人怀疑的。第249节就明确地涉及刚才提到的最高位置。这段开头是这样说的:"警察的措施首先在使包含在市民社会特殊性中的普遍物得以实现和维持,它采取了外部秩序和设施的方式,以保护和保全大量的特殊目的和特殊利益,因为这些目的和利益是存在于普遍物中的。其次,作为最高指导,警察的措施又负责照顾超出这个社会范围以外的利益(第246节)。"⑱它应该去调解那些不这样就不可调解的东西。黑格尔的国家哲学是一种必然的强词夺理;之所以是强词夺理,是因为它在一个原则的符号中打断了辩证法,这个原则是黑格尔自己对抽象物的批判所应得的,而且至少如他所解释的那样,其所处的位置根本不是超出社会博弈的彼岸:"在市民社会的范围以内和在国家本身(第256节)的自在自为的普遍之外的特殊公共利益是由自治团体、其他职业与等级的同业公会(第251节)及其首脑、代表、主管人等等来管理的。一方面,他们经管的事务关系到这些特殊领域的私有财产和利益,并且它们在这方面的威信部分地建立在本等级成员和全体市民的信赖上,另一方面,这些集团必须服从国家的最高利益;因此,在分配这些职务时,一般采取有关人员的通常的选举和最高当局的批准任命相混合的方式。"⑲但是这个强词夺理却是必然的,因为否则现存事物之上的这个辩证原则就会被超出,从而绝对同一性的命题也会被否认——只有作为实现了的命题它才是绝对的,这乃是黑格尔哲学的内核。黑格尔哲学绝不会靠近关于它本身的基底(即社会)的真理,而是走向社会的对立面,并在那里变得疯狂。它其实在本质上就是否定的:批判。由于黑格尔正是借助于那个理性与存在者的同一性命题,将对纯粹理性批判这个先验哲学的批判扩展为对存在者本身,以及对任何一种实证性的批判,他就将世界(其神义论构成了他的纲领)同时也就将世界的整体性,将它的关联背景谴责为一种罪责关联(Schuldzusammenhang),在其中所有存在着的东西所应得的就是灰飞烟灭。甚至错误的要求,即使它可能是善的,其自身之中也包含着合法的要求,即事实世界应该不单纯在其对立的理念中变成善的,而且也要活生生地变成善的,并得到和解。如果黑格尔的体系最终通过其本身的后果而走向了非真理,那么这就不仅仅是对黑格尔所说的东西的判断,就像实证科学的自我辩护所想要的那样,而毋宁说乃是对现实的判断。"对事物来说更加糟糕"这个具有讽刺意味的说法,只有因此才会自动地转而反对黑格尔,因为它说出了关于事物的极端严肃的东西。黑格尔并不是将这些事物事后在思维中重构起来,他是以思维的方式产生、把握和批判它们:它们的否定性使得事物成为不同于其单纯所是的东西,也不同于其声称要成为的东西。现实的生成原则(通过它事物就不仅仅是它的实证性),或者说黑格尔唯心主义的核心引擎,同时也是反唯心主义的;主体对现实(唯心主义将其等同于绝对主体)的批判,就是对事物之中矛盾的意识,就是理论的力量——理论正是借助于这种力量转而反对自身。如果黑格尔哲学按照其最高标准,就其自身的标准而言是失败了的,那么它也同时在这个过程中证明自身经受住了考验。黑格尔哲学遭遇到对抗之物的非同一性,并异常艰辛地将其堆积在一起,这乃是那整体的非同一性,这个整体并不是真

277

实的,而是非真实的,是公正性(Gerechtigkeit)的绝对对立者。但正是这种非同一性在现实中获得了同一性的形式,获得了无所不包的特征,而且没有任何第三者与和解者支配这个特征。这种矫饰的同一性就是意识形态的本质,是社会的必然假象的本质。唯独通过矛盾的绝对化,而不是通过矛盾的缓和而走向绝对,他才能够融化并或许找到了那个黑格尔之前必须让人相信的和解,因为这种和解的现实可能性对黑格尔来说仍是掩而不露的。在所有单个细节中黑格尔哲学都想要是否定;但是如果它事与愿违,其整体也变成否定的,那么它就要在其中承认客体的否定性。由于最终主体与客体、概念与事物、理念与社会之间的非同一性无休止地出现;由于它溶解在绝对的否定性之中,那么它就弥补了它所承诺的东西,并真的与跟它纠缠的对象相同一。但是这个运动的平息,即绝对者,最终所指向的在他那里无非也就是和解的生命,静止化的冲动,它不再知道任何匮乏,也不知道和解唯独要归功于它的那种劳动。据此,黑格尔的真理之所就不外在于他的体系,而恰恰是紧紧粘连在这个体系之上,恰如粘连在非真理之上。因为这种非真理无非是社会体系的非真理,它构成了黑格尔哲学的基底。

278　　唯心主义在黑格尔哲学之中的客观转向,对批判主义所摧毁的思辨形而上学的恢复,这种形而上学也再造了诸如存在这样的概念,并且其本身也想拯救上帝的存在论证明——如此种种都鼓励我们,将黑格尔哲学指责为生存本体论(Existentialontologie)。海德格尔在其《路标》中对《精神现象学》的"导论"所作出的解释是其中最为著名的,即使它不是第一个案例。人们可能在这种要求中学到,今天的生存本体论最不愿意听到的,就是其与先验唯心主义之间的亲和性,后者正是他们妄图以存在的激情来超越的东西。但是,今天在存在问题的名下所探讨的东西,在黑格尔体系中作为一个因素是有其位置的,然而他恰恰否认存在的那种绝对性,那正是在次序上先于任何思想和任何概念的存在,即最近出现的形而上学希望加强的那种优先存在。由于将存在规定为一种在本质上否定地反思和批判的辩证因素,黑格尔的理论就与存在在当前的神话化是不可统一的。他的哲学中具有现实性的地方不在别处，而正在于其将存在概念拆卸开的地方。在《精神现象学》的开头，对存在的规定就已经说出了今天这个词想要表明的东西的对立面："而且活的实体，只当它是建立自身的运动时，或者说，只当它是自身转化与其自身之间的中介时，它才真正是个现实的存在，或换个说法也一样，它这个存在才真正是主体。"[20]作为主体的存在与在黑格尔那里仍然用正字法书写，和今天用古代字母"Y"来书写的存在概念之间，存在着彻头彻尾的区别。人们知道，与《精神现象学》从主体意识出发相反，后来的《逻辑学》让思想的范畴在其客观性中互相发展出来，其开端便是存在概念。但是这个开端并未奠定什么第一哲学。黑格尔的存在是源本质（Urwesen）的对立面。它是直接性；现象、存在应该在逻辑上和起源上先于所有的反思，先于主客体的分裂，这个假象并没有被黑格尔好好记录为存在概念作为原始概念的尊严，反而被他清除掉了。《逻辑学》第一部分就以存在这个词为题，它一开始就这样写道，"无规定的直接性"[21]，而且正是这种生存本体论依靠的直接性，在透视出任何直接事物的中介性的黑格尔看来，就变成了对存在的尊严的异议，变成了存在的截然的否定性，成为了那种辩证步骤的发动力，这个动力将存在与虚无完全等同起来："有在无规定的直接性中，只是与它自身相同……有是纯粹的无规定性和空。——即使这里可以谈到直观，在有中，也没有什么可以直观的；或者说，有只是这种纯粹的、空的直观本身。在有中，也同样没有什么可以思维的；或者说，有同样只是这种空的思维。有，这个无规定的直接的东西，实际上就是无，比无恰恰不多也不少。"[22]但是这种虚空并不是存在的一种本体论上的质，也不是静止在存在之中的哲学思想的匮乏。"如果我们宣称存在或有是绝对的一个谓词"，成熟时期的黑格尔在《哲学百科全书》中这样写道，"我们就得到绝对的第一个界说，即：'绝对就是有'。这就是纯全（在思想中）最先提出的界说，最抽象也最空疏"[23]。胡塞尔哲学原初地给出的直观的最新遗产，今天变成了脱离所有异化的存在概念，作为绝对的直接性而被隆重庆祝。黑格尔不仅仅是由于存在的非规定性和虚空性之故将其视为不可

279

直观的,而且将它视为一个概念,此概念忘了自己是一个概念,并且把自己自行伪装为纯粹的直接性;某种意义上说就是所有物性中最物性的一个。"当有作为简单的、直接的东西时,有是全然抽象的结果,因而已经是抽象的否定性,是无,……被科学抛在后面"㉔——黑格尔在《逻辑学》稍后的一个地方这样写道。但是,这里上演的并非古老词汇之间的庄严游戏,对存在的批判事实上乃指向对这个概念在哲学中的任何一个重要使用的批判,这些从《逻辑学》特别尖锐地针对雅可比的词句中就能够读出来:"在这种完全纯粹的连续性中,即在表象的无规定性和虚空中,叫这个抽象为空间,或纯直观、纯思维都是一样;——这一切都同于印度人所谓梵——当印度人长年外表不动,漠然于感觉、表象、幻想、贪欲等等,而只看着鼻子尖,心里诵念唵、唵、唵,或什么也不念时,这就叫作梵。这种幽暗空虚的意识,作为意识来把握,就是——有。"㉕黑格尔已将对存在的祈求那种狂热的僵硬听作转经筒那形式化的略略作响。尽管有关于具体性的连篇废话,并且恰恰是在无规定的具体性(这个具体性除了其自身的灵晕再无其他内涵)的魔法中,黑格尔已经意识到了今天将会被篡改和失去的是什么:哲学不被允许因为其臆想的永恒性和恒定性而在最高的普遍概念中追寻自己的对象,这些概念接下来会因其本身普遍概念性而羞愧。正如他之后《偶像的黄昏》中的尼采那样,黑格尔将哲学内涵,将真理与最高的抽象等同起来加以驳斥,并恰恰将真理设定在那些规定性之中,借助于这些规定性,传统形而上学的那双精细的手就免于被弄脏了。尤其是在黑格尔这个意图中,其最伟大之处就是支配着《精神现象学》中意识的阶段与社会历史的阶段之间的紧密关系,唯心主义就超出了自身。今天,那些作为对原始话语的祈祷,作为"传说"的东西,声称提升得比辩证法更高,但却真正变成了辩证法的牺牲品,变成了抽象,也就是那个膨胀为自在自为的存在者,并进而下降为简直全无内容的东西,下降为同语反复,即无非就是反复说出存在的那个存在。

自胡塞尔以来的当代存在哲学(Seinsphilosophie),都在拒斥唯心主义。事实上它们身上表达出的乃是历史意识的不可改变的状态:它们记录下了从单纯的主体内在性，从意识中，什么东西是不能被发展出或者推导出来的。但是它们却在此又要将主观—概念抽象的最高结果，即存在实体化，并从而又仍然使其被囚禁在唯心主义之内，正如其对社会的态度和理论方法那样——尽管这些都是它们所没有觉察到的。对此，没有什么比典型唯心主义者(Erzidealisten)黑格尔的思辨更有说服力的了。如果本体论的修复者们，正如在海德格尔关于其臆想的邓·司各特(Duns Skotus)的著作所说的；以及进一步说，考虑到他们后来希望摆脱的西方形而上学的整个观念，感觉到他们自己与黑格尔是一致的，那么其实在黑格尔那里有一个极端的唯心主义超出单纯的主体性，突破了哲学内在性的蒙蔽范围(Verblendungskreis)。用埃米尔·拉斯克(Emil Lask)对一个普遍者所使用的术语来说，黑格尔也认为这是唯心主义超出自身。在与本体论冲动之间的形式上的符合背后，隐藏着诸多差异，这些差异都是牵一发而动全身的。其实，在黑格尔那里对抗传统唯心主义的并不是存在的观念，而是真理的观念。"认为思维的形式是最高的形式，认为思维的形式可以把握绝对真理的本来面目，是一般哲学通有的信念。"㉖精神的绝对性，与任何单纯的有限者相对，应该确保真理的绝对性，这个真理应该脱离单纯的意味，脱离任何的意向和任何主观"意识的事实"；这是黑格尔哲学的顶峰。在他看来，真理不是判断与对象之间的单纯关系，不是对主观思想的评价，而是应该实质性地超越这种认识，这正是一种"自在自为"的真理。在他看来，对真理的知识，无非就是对绝对的知识：黑格尔对划界的，即将主观性和自在存在作出不可调和的隔离的批判主义的批判，正想达到这一点。在克洛纳提到的一个地方，"最后所谓批判哲学曾经把这种对永恒和神圣对象的无知当成了良知，因为它确信曾证明了我们对永恒、神圣、真理什么也不知道"㉗。这样一种关于真理的重要观念将主观主义指责为谎言。这种谎言的孜孜不倦的关切，即真理是否也是足够真的，将自身局限在对真理的取消之中。意识中被发展为真理的内容，不单是对认识主体来说是真理，它对先验主体来说也应该是真理。真理的客观性观念，增强了主体理性：这对主体来说是可能的，是主体可通

281

282

达的,而今天脱离主体主义的诸多尝试却与对主体的诋毁相结合。但是,作为一种理性的观念,黑格尔的观念这样区别于绝对存在概念的复辟,即它是在其自身之中被中介的。在黑格尔那里,真理本身并不是那个"存在":正是在这个存在中隐藏着抽象,即主体以唯名论的方式生产其概念的操作方式。但是在黑格尔的真理观念中,主观因素,即相对性因素是被超越了的,因为它被内化到这个真理观念之中了。在真实的事物之中,包含着思想,而真理却并不产生在这思想之中,"如果中介或反映不被理解为绝对的积极环节而被排除于绝对真理之外,那就是对理性的一种误解"㉘。关于辩证思维的本质,能说的或许不过是,真理中主观因素的自我意识、对反思的反思,应该与那种不真(Unrecht)达成和解,这个不真是运作着的主体性施加给自在真理的,因为主体性单纯地认其为真,并将根本不完全为真的东西设定为真的。如果唯心主义辩证法转而反对唯心主义自身,那么这就是因为,它自身的原则,的确正是由于其唯心主义要求的过度紧张(Überspannung),同时是反唯心主义的。从真理的自在存在的方面来说,辩证法相对于意识的活动性无非是一个过程:也就是说,过程就是真理本身。黑格尔强调这个过程处于不停的转折之中:"真理是它在其自身中的运动",但数学方法"却是外在于材料的一种认识"㉙。这个运动是被思维主体所启动的:"一切问题的关键在于:不仅把真实的东西或真理理解和表述为实体,而且同样理解和表述为主体。"㉚但是因为在每一个单独判断中,其所涉及的事物不得不面对其概念,又因为任何单个的有限判断都被消解为不真的,主体反思活动就让真理超出了思想适应事实内涵的传统概念:真理不再让自身固定于判断的真值之上。在黑格尔那里,真理与传统的定义相类似,但却又与之隐秘地对立,它"是概念与其现实性的符合"㉛;它存在于"对象与它自己本身相符合,亦即与它的概念相符合"㉜。但是,任何有限的判断都不能达到那种符合,所以主谓逻辑的真理概念便被夺走,并被整个地安置在辩证法之中。黑格尔说,它应该"把真理好像必定是某种可以用手捉摸的东西那样的意见,放在一边"㉝。对判断的诸要素的固化分裂的批判软化了真理,倘若真理只是被理解为一个过程的单纯结果的话。它摧毁了这个假象,即真理本身能够被理解为意识按照它对面的单个发现物来衡量自身:"真实与虚妄通常被认为是两种一定不移的各具有自己的本质的思想,两者各据一方,各自孤立,互不沟通。与这种看法相反,我们必须断言真理不是一种铸成了的硬币,可以现成地拿过来就用。同样地,不是现成地有一种虚假……某种东西被认识错了,意思就是说,知识与它的实体不同一。但这种不相等正是一般的区别,是本质的环节。从这种区别里很可能发展出它们的同一性,而且发展出来的这种同一性就是真理。但这种真理:不是仿佛其不等同性被抛弃了,犹如矿渣从纯粹金属里被排除了那样,或工具被遗留在造成的容器以外那样,而勿宁是,不同一性作为否定性,作为自身还直接呈现于真理本身之中。"㉞这里黑格尔就打破了被整个哲学鹦鹉学舌的真理学说,即作为一种认识与事物的等同(adaequtio rei atque cogitationis)的真理学说。通过辩证法,唤醒了意识本身连续的唯名论操作,这个操作用其概念所指的事物来检查每一个概念,从而证明其不充分性,这个唯名论操作却闪烁出柏拉图真理观念的光辉。这种观念并不主张自身是直观性和明证性的,而恰恰是被那种思维劳作的坚持所期待,这种工作按照传统方式来说止步于对柏拉图主义的批判:哲学理性也有其狡计。唯其如此,即对真理的要求将对真理的绝对必要的权利限制在每一个权利之上,并从而让不真的判断走向抗议;即这种要求通过自我反思否定掉主观的等同,真理才超出自身而走入一种客观真理,这就不再是能够以唯名论的方式化约的观念了。黑格尔也一再反复地将这应该作为真理的运动解释为"本身运动"(Eigenbewegung),这个运动是被判断的事实内涵所驱动的,也是被思维的综合所驱动的。主体之不满足于其判断对事实内涵的单纯适应,从而也就触动了,判断根本不是什么主观的行为,真理本身也不是单纯的判断真值,而是在判断中往往同时贯彻了某种并非孤立的、不能回溯到主体之上的东西,某种传统唯心主义认识论相信能够轻蔑地将其作为单纯的 X 打发掉的东西。真理剥离出其自身的主体性:因为没有主观的判断可能是真的,然而任何一个判断又都想成为真的,所以真

284

理就超越而成为自在。但作为这种超越性的自在真理，它不是被"设定"的，也不是被"揭示"的，与本体论所问询的真理也是不相统一的。黑格尔的真理并不像唯名论真理那样在于时间之中，也不是按照本体论的特征那样超越于时间之上：时间对黑格尔来说乃是真理本身的一个因素。真理作为过程，是"所有因素的经历"，与"不矛盾律"相对，这样它就有了一个时间内核。这让抽象和自身等同的概念的僵硬实体流动起来，而这些正是统治着传统哲学的东西。如果黑格尔的概念运动在某种意义上重新制造了柏拉图主义，那么这种柏拉图主义必定也是治愈了其静止性和神话遗传的，是将解放了的意识的所有自发性都吸收进来了的。但无论如何，如果黑格尔最终还是不顾一切地抓住这个同一性论题，也就是唯心主义的论题，那么在对精神的一致性约束已不同于一百年前的这个精神史时刻，早已变得廉价的对唯心主义的批判（这个批判在当时要得益于黑格尔哲学的优势统治权力）就应该记住那同一性论题中包含着某种真理因素。用康德的话说，如果主体与客体之间没有任何相似性的东西，那么按照一发而不可收的实证主义所希望的，它们就是绝对和截然对立的了，就不仅仅是没有任何真理，甚至不存在任何理性和思想了。完全摘除了其模仿冲动的思维，启蒙的未实现自我反思的类型——这个自我反思构成了黑格尔体系的内容并被称为思想和事实之间的亲缘性，都陷入了疯狂。绝对无关联的思想，是同一性哲学完全的对立面；那种取消了任何主体份额的思维，取消了任何对客体的"占据"（Besetzung），取消了对客体的拟人化的思维，都是精神分裂症的思维。它的事实性在纳粹主义中获得胜利。黑格尔的思辨概念通过精神对自身的思考而拯救了模仿：真理不是相等，而是亲和性；并且在唯心主义正在走着的下坡路上，这种理性对其作为人类权利的模仿本质的追忆（Eingedenken），就通过黑格尔变得愈发显著了。

由此就可以引出一种反对意见，即黑格尔这个柏拉图式的实在论者和绝对的唯心主义者，在其对精神的实体化过程中沉湎于概念拜物教，而这无非就是今天以存在之名所发生的一切。在其中捣碎了相似性的判断,本身仍然是抽象的。即使在西方哲学之初,如巴门尼德诗篇的那行显然存在争议的诗所说的那样,抽象的思维和抽象的存在应该是同一的,那么本体论的存在概念的价值,与黑格尔的理性概念的价值也是有差别的。这两个范畴都分有了历史性的动力学。由于黑格尔批判有限和受限制的反思的缘故,有些人包括克洛纳在内都尝试将他划入非理性主义者的行列,的确黑格尔那里也存在一些人们能够引证的 286 表述,例如思辨同时就是与反思对立的直接信仰。但是,正如康德坚持理性在"三大批判"之中乃是"一个"理性,它作为理性,作为"Ratio",作为思维。甚至那应该超越所有有限思维规定性的运动,就是思维的一种自我批判运动:思辨概念既不是直观,也不是"范畴直观"(katergoriale Anschauung)。黑格尔反对康德,以努力拯救本体论的上帝证明,这其中的说服力或许是可疑的。但是推动它的东西不是理性的蒙昧,反而是这种乌托邦的希望,即"经验可能性之边界"和阻隔或许并非最终的东西;正如在《浮士德》的结尾所叙述的那样:精神的所有弱点、有条件性和否定性都与真理相似,并因此而适宜于对真理的认识。如果说黑格尔关于绝对精神的学说的自负曾经不无理由地被强调,那么在今天,因为唯心主义被所有人(并且大部分都是被秘密的唯心主义者)所诋毁,那么突出表现精神绝对性观念,就是一种有益的纠正。这就指向了对当前意识的麻木的记录,这种意识由于其自身弱小,不断地准备着对盲目定在对它施加的统治所造成的屈辱做再次加强。"在关于上帝存在的所谓本体论的证明中,正是这种从绝对概念到存在的转化表示出理念在近代的深度,然而这种转化在现代却被当作不可理解的东西。其结果,人们放弃了对真理的认识,因为真理只是概念和定在的统一。"㉟

如果黑格尔的理性为自身辩护,说自身不是单纯主观和否定的,而往往是作为与这种主观理性的对立面的代言人而起着作用的,即借助于反对理性的兴趣而去寻找理性,那么黑格尔就不会因此单纯地顺从反抗者,即因为他能将他律和异化的东西变得舒适可口,似乎就是他本 287 身的事物一样;他也不是单纯地劝导,说反抗是没有用的。反而,黑格尔已经追踪到最内核部分,即只有通过那种异化的东西,同时似乎也仅仅是通过世界对主体的强权才能实现对人本身的规定。他还应该将对他来说是敌对的势力据为己有,某种程度上说乃是潜入它们之中。黑格尔在《历史哲学》中引入了理性的狡计,以解释客观的理性,即自由的实现是如何借助历史个人的盲目和非理性的苦难而获得成功的。这一观念透露出了黑格尔思想的经验内核的某种东西。这在总体上就是充满狡计的;这个思想过程希望达到对世界统治势力的征服,它确定无疑地透视了这个世界,其方式乃是通过将这个统治势力应用于世界本身,直到使世界翻转为一个他物。在经艾克曼(Eckermann)流传下来的与歌德的谈话录中,黑格尔异常地直率,他将辩证法定义为组织起来的矛盾精神。在其中,尤其是那种类型的狡计,例如某种农民般的老谋深算,即他知道如何在强权面前卑躬屈膝,如何对他们殷勤体贴,直到能够剥夺他们的权力为止:《精神现象学》中的"主奴辩证法"便泄露了这个秘密。众所周知,黑格尔的一生,即使是作为普鲁士国家哲学家的时候,也没有放弃过其作为一个施瓦本人(Schwäbischen)的身份,而对黑格尔的报道也都令人惊奇地记载了,黑格尔这个看起来文风晦涩的作者,却是出奇简单的一个人。他坚定不移地保持着对他出身的忠诚,即对一个强大自我的条件以及思想的每一步提升的忠诚。的确,这里也会有虚假肯定性的一个未溶解的因素介入进来:他固定了那个被给予物,在其中他找到了那个他相信能强化他尊严的东西,因为它通过姿态或者言语表现出,他是一个出身卑微的人。但是,那种非朴素的朴素性,它在黑格尔体系中的对应物就是直接性在其所有的阶段上的重新产生,又一次见证了这天才般的狡黠,这跟那些说他是矫揉造作、尖酸刻薄的狡猾这样的愚笨指责相对立,这些指责已被鹦鹉学舌般地重复,以一再地反对任何辩证的思想。这种思想的朴素性,离它的对象如此之近,以至于似乎可以用"你"这个词来称呼它;用霍克海默的话说,在这种朴素性中,成熟黑格尔保存了一部分童年的记忆,即成为弱小者的勇气,他给予这些弱小者以天赋的信念,即他们最终定会战胜哪怕是最难以战胜的人。

当然从一个非常细小而敏锐的方面说,黑格尔哲学或许比它自己误解的要更加辩证。因为它并没有打算"取消对真理的认识",尽管如此它的退却特征是不可否认的。它正是想将现存的事物当作理性的事物来辩护,并且将反对现存事物的反思以这样一种思考来打发掉,即坚持鼓吹世界是如何艰难,并从中引出,任其不改变自身是多么智慧。无论在哪里,黑格尔就此而言都是一个资产阶级的哲学家。但是停留于此而对黑格尔进行评判,并没有什么创造性。黑格尔学说最成问题从而也是最富争议的是,现实的是合理的,这并不单纯是辩护性的。其实,理性在黑格尔那里乃处于与自由的关联之中。自由和理性,离开对方就是无稽之谈。只有当现实的东西让自由理念所穿透,让人性的现实规定性所穿透,才能被认为是理性的。如果谁将启蒙运动的这份遗产排除在黑格尔哲学之外,并激动地抨击,他的《逻辑学》其实与世界的合乎理性的组织了无关系,那么他就是歪曲黑格尔了。即使是在他后来为他青年时代所攻击的实证之物,即那曾经的实证之物辩护的地方,他也还要呼唤理性,即在人类自我意识和自我解放的视角下,将那些单纯现存的东西理解为不单纯是现存的。绝对唯心主义不能挣脱其在单个人自我持存的理性中的起源,也无法摆脱他们的客观理性概念;早在康德的历史哲学中,自我持存就借助于其本身的运动,转化为客观性,转化为"人性",转化为一个适当的社会。只是黑格尔想要将主观理性这个绝对精神的必要因素同时规定为一个普遍者。单个人的那种理 289 性,借助于它,黑格尔的概念运动就提升为感性确定性的辩证法,总是已然潜在地是类的理性——即使它对此一无所知。就是在这个程度上,黑格尔这个唯心主义者的不真实的学说也是真实的,这个学说不管先验意识(它就是个人意识的抽象)存在着多少起源和逻辑上的混乱,仍将它作为自在的和实体性的基础,以将自身建立于其上。黑格尔哲学的两面性特征在个体性这个范畴上显露无遗。黑格尔就像他的论敌叔本华一样很好地看透了个体化的假象因素:人们固执于坚持其本身之所是,即个人利益的狭隘和个别性,但是他们却没有将这个客观性或本质与他们跟个人和直接之物的关系剥离开:一般物往往同时是特殊物,而特殊物也往往是一般物。因为辩证法把这种关系分解开,它就与社会的力场(kraftfeld)相适应了,在这个社会中,所有个人预先已然以社会的方式被赋形了,在这个社会中,没有什么不是通过诸个人才能得到实现的。一般与特殊的范畴,个人与社会的范畴,不能停留在主体与客体的层面上,或者说两者之间的过程只应该指向一种保持自身等同的两极之间的过程:两个因素的份额之间的过程,的确,它们本身之所是,应该只有在历史的具体性中才能构成。尽管如此,如果说在黑格尔哲学的建构过程中,一般物,即与个体的偶然性相对立的实体,最终就是制度,是以最隆重的方式表达出来的,那么它所表达出的就不仅仅是对世界过程的赞同,不仅仅是对那些单纯是虚弱实存的虚弱性的廉价同情。黑格尔哲学从资产阶级的主体主义中引出了最为完满的结论,其实也就是将整个世界理解为劳动产品(也可以是作为商品),那么他同时也进行着对主体性的最为尖锐的批判,远远超出了费希特对主体与个体之间的划分。这个在费希特那里被抽象地设定的非我,被黑格尔按照辩证法具体地发展出来了,并且从而不仅仅是一般地,而是在其

290 限制主体的整个内容规定性中发展出来的。海涅(他肯定不是黑格尔的听众中间最没有见地的)将黑格尔的学说主要地理解为使个体性生效,然而这个个体性却发现自身在这个体系的无数层面被虐待,甚至被蔑视。这反映出在黑格尔哲学中真正达到自我意识的个体性的资产阶级社会的歧义性。人作为脱去了镣铐的生产者,对于市民社会来说显得是自主的,是神性立法者的遗产,好像是全能的。但是单独的个人,在这个社会中其实仅仅是社会生产过程的单纯承担者,其本身对这个过程的需要似乎仅仅是被裹挟着的,从而他们同时也被认为是完全无力和虚无的。在与人文主义激情的不可调和的矛盾中,黑格尔明确或不明确地命令人类,作为必然进行社会劳动的人类,去战胜对他们来说陌生的必然性。借此黑格尔体现了一般与特殊在市民社会中的理论自律。但是由于他对这种自律的无所顾忌的表述,使得这种自律史无前例地透明,并且批评这种自律比辩护更甚。因为自由应该乃是现实的单个人的自由,所以他就蔑视自由的假象,即个体,因为它陷入了普遍

的不自由之中，却好像已经是自由和普遍的了。黑格尔相信理论理性肯定能够达到其目标，与这种相信同时到来的是这种知识，即只有当理性表明那个支点，以让远古的神话负担被从中移除出去，理性才有希望实现自身，变成理性的现实性。这个负担乃是单纯的存在者，它们最终都是在个体中保护自身；理性作为存在者本身的理性的支点。黑格尔的辩护和退却乃是资产阶级的假面具（Charaktermaske），它与这样的乌托邦已经预先结合在一起了，即不要马上被认识，不要急于发生，以免剩下的只是无力。

黑格尔哲学的资产阶级性概念在多大程度上未被耗尽，在他对道德的态度中或许就变得最为清楚明了。这个态度形成了黑格尔对一般个别性范畴的一个批判因素。他的确是在《精神现象学》中首次说出，自我自身要再次穿越自我与世界之间的裂缝；用克洛纳的话说㊱，黑格尔延伸到了个人内部，并将个人按照其意愿和行动的客观合理性与主观合理性分裂开来。之前他已经意识到，个人本身既是一种社会性的功能项，是通过"事物"，也就是他的劳动所规定的东西，同时也由于爱好、兴趣和禀赋而是一种自为的东西；而这两种因素又是相互撕裂的。但是，纯粹的道德行为——在其中个人被假定完完全全只听命于自己并为自己立法，由此就变成了模棱两可的自欺。如果现代分析心理学认识到，单个人关于自己的所想都是虚假性的，在宽泛的意义上乃是单纯的"合理化"，那么它就是将黑格尔思辨哲学的一部分带回家了。纯粹道德自我意识向捏造的过渡——这种捏造后来在尼采那里简直就变成了哲学批判的攻击点，黑格尔是从其客观的非真理性因素中推导出来的。像《精神现象学》中"硬心肠"（harten Herzen）这样的表述，敲打着义务命令的纯粹性；这些表述肯定在后康德的语境中被历史性地取消了，例如在席勒对严苛的康德伦理学的批判中被取消了，但同时也拉开了尼采的怨恨学说的序曲，这种学说将道德说成"复仇"（Rache）。黑格尔的命题，即不存在任何道德的现实物，并不单纯地是他过渡到客观伦理的通道环节。在这个命题中，这样的认识已经维持了下来，即道德事物根本不是就其自身而得到理解的，良知根本不能保证正确行为，自我对该做什么或者不该做什么的纯粹自身专注,纠缠着荒谬和虚华。黑格尔继续追踪着一种极端启蒙的冲动。他不是将善设定为与经验生活相对立的抽象原理和自足理念,而是按照其自身的内涵将它与一种正确的整体的产生结合起来——这正是在《实践理性批判》中以人性之名而出现的东西。借此黑格尔便超越了这样一个资产阶级的分裂:一方是道德,它虽然是无条件的义务规定,但却仅仅对主体有效,而另一方则不过是所谓社会经验的客观性。这是黑格尔调和先天和后天的最伟大的方面之一。以下表述具有意想不到的尖锐性:"既然道德一般说来是没有完成的,那么称某人为一个不道德的人这种说法自在地就归于消失,从而也就只具有一种任意武断的理由根据。因此,这项经验论断的内容含义只不过是说,有些人不该得到自在自为的幸福,这就是说,这种论断的真正含义是一种披上了道德外衣的基督。可是人们又说有另外一些人该当获得所谓幸运,其理由何在呢?这其实是出于良好的友谊,由于友好,所以竟然愿望他们那些人和自己都能享有这种恩赐、这种机遇。"㊲这里根本没有谈到单纯的市民。资产阶级对现存事物的颂扬往往还属于这样的空想,即纯粹自为存在着的个人,作为主体在现存事物中必然显现的个人,应该能掌控善。黑格尔毁灭了这个幻想。他对道德的批判与那种对社会的辩护是不可和解的,即为了维持其在社会中生活的非正义性,要求单个人道德的意识形态,要求取消幸福。

如果说关于黑格尔的资产阶级性的陈词滥调一度是清楚明白的,那么人们就将不再屈从于叔本华和克尔凯郭尔的强烈影响,他们将黑格尔当作一个循规蹈矩和不值一提的人而轻蔑地置之一旁,并尤其由此出发而引出他们对黑格尔哲学的判决。黑格尔的荣誉并不在于他是个什么存在主义思想家,在由克尔凯郭尔开创,并在今天堕落为自鸣得意的空话这个意义上的存在主义的思想家。最近和当时都已经破绽百出的对人格崇拜的解释方式不适合黑格尔,并不能将他降格为一个地位优越,却不关心人间疾苦的讲座教授,像叔本华和克尔凯郭尔如此成功地在后世对他的抹黑那样。叔本华展示给黑格尔的仁慈和慷慨,要远远少于这位长者展示给他的,后者批准了叔本华的教师资格论文,尽管叔本华在一次讨论课上的一场愚蠢的争论中为反对这个哲学家而傲慢地装作踏实而有自然科学才华的研究者。黑格尔的批判要远远胜过那些起来反抗他的生存观念，早在生存，即从事哲学思考的人和他的本真性喘出第一口气，并接下来在学院中建立起来之前就已经如此了。在思想是一个思想的时候，进行思考的单纯经验个人总是落后在他所思考的思想的暴力和客观性后面，那么一个思想的真理要求，就不存在于其对思想者的呈现的充分性之中，就不是对其终究所是的东西的蹩脚重复。反而，这种要求证明自身乃是超出单纯定在中的成见的，并且是在单个人自身外化的领域中的——这个外化的实现乃是有限的。这种外化造成了黑格尔那种痛苦的姿态，那种对完全被烧为灰烬的东西的怀疑表情。黑格尔的资产阶级的不显眼性（Unscheinbarkeit），是不可估量的、以其自身的不可能性而标注出的努力，即去思考无条件者，去叩问善————一种不可能性，即黑格尔哲学将其作为否定性自身的总概念来进行反思的那种不可能性。与此相反的是满足于对真实性（Echtheit）、勇敢（Wagnis）和临界情况（Grenzsituation）的呼喊。如果在哲学中真的需要思考主体，如果离开那个要素，即今天在生存的注册商标下得到探讨的那个要素，就不能说对事物本身的客观性有所洞见，那么那个因素并不能在其显耀自身的地方被合法化，而应该在它借助于事物加诸它的条令而粉碎其自我设定，并消亡于事物之中的地方得到合法化。这就是黑格尔身上几乎无人能比的魔力。但是同时，在生存因素被主张为真理根据的地方，它已然就是谎言了。黑格尔的仇恨，也针对那些倾向于认为他们经验的直接性占据完全真理的人们。

在黑格尔那里，其思想赖以维持的经验完满性是无可比拟的：它是被包含在思想本身之中的，根本不是单纯的材料，不是作为"质料"或者作为思想之外的例证和凭证。抽象的思想通过被经验到的东西，单纯的材料通过思维过程而反向演变为鲜活的思想和材料：《精神现象学》中的每一句话都应该展示这一点。人们错误地用来夸奖艺术家的东西，事实上正适合于黑格尔：升华（Sublimierung）；他的生命其实在于色彩绚丽的返照，在于精神中的重复。但是人们不能将黑格尔的升华想

象为一种内化的升华。他的外化学说,例如对自为存在着的、盲目的和
"空洞无用的"(eitlen)主体性的批判,他与歌德是在同一意义上进行
的,并且超出了唯心主义;这种外化学说与内化是相对立的,而他的人
格上也几乎没有表露出这方面的迹象。黑格尔这个人,正如其学说的
主体那样,在这两者的精神中,将主体和客体吸入自身之内:精神的生
命就是其在自身之中再次进行的完全的生命。因此生命的返回出现不
能与学者的禁欲(Gelehrten-Entsagung)的意识形态相混淆。作为升华了
的精神,黑格尔这个人格向外回荡,给人的感受犹如伟大的音乐:黑格尔
的哲学喃喃作声,沙沙作响。正如听过他课程的批判者克尔凯郭尔所说
的那样,人们或许可以谈论一种精神的身体。他的未婚妻,巴罗尼斯·
玛丽亚·冯·图赫尔(Baroness Maria von Tucher)就抱怨他,说他在她写
给他姐妹的一封信上添加了这样一段话:"你由此看出,和她在一起我的
余生是多么的幸福,收获这份世间少有的爱我是多么幸福,这现在甚至
让我感到它是我命中注定的幸福的一部分。"㊳ 这些私人的话乃是整个
非私人的黑格尔。他的思想后来在《查拉图斯特拉如是说》中被赋予了
诗性的形式:"我是追求幸福吗? 我追求的是我的工作。"但是商业般的
枯燥和清醒,赋予这思想以一种尊严;一旦他以一支小号曲来奏鸣他本
身的激情,这个尊严会受到损害。对那种生命的规定,附着于其哲学的
内涵上。没有人在丰富性上如此深不可测,没有人如此坚持不懈地站在
他毫无保留地信任的经验中间;这经验失败的标志,也要由真理本身来
捶打。

注释 *

① Hegel, WW 19, S. 611. 中译参见黑格尔:《哲学史讲演录》第四卷,贺麟、王
   太庆译,商务印书馆 1978 年版,第 308 页。
② a.a.O., S. 613.中译参见黑格尔:《哲学史讲演录》第四卷,第 309 页。
③ a.a.O., S. 615.中译参见黑格尔:《哲学史讲演录》第四卷,第 311 页。

---

　* 本书的所有注释,有中文版的均参见中文版页码;除个别注释外,均直接引用中文
　　 版译文,不同译者的译法未统一。——译者注

④ Richard Kroner, *Von Kant bis Hegel*, Tübingen 1924, Ⅱ, S. 279.

⑤ Vgl. etwa J. G. Fichte, *Erste Einleitung in die Wissenschaftslehre*, WW (Neudruck der von J. H. Fichte herausgegebenen Gesamtausgabe) Ⅰ, S. 425 f., und *Zweite Einleitung in die Wissenschaftslehre*, a. a. O., S. 477 f.

⑥ Arthur Schopenhauer, *Preisschrift über die Grundlage der Moral. Sämtliche Werke*, hg. von Paul Deussen, München 1912, Ⅲ, S. 601. 中译参见叔本华:《伦理学的两个基本问题》,任立、孟庆时译,商务印书馆 1996 年版,第 153 页,此段中译本与原文偏差较多,本书译者进行了必要的改动。

⑦ Hegel, WW 10, S. 305.

⑧ Karl Marx, *Die Frühschriften*, hg. von Siegfried Landshut, Stuttgart 1953, S. 269. 中译参见马克思:《1844 年经济学哲学手稿》,人民出版社 2014 年版,第 98 页。

⑨ Vgl. Hegel, WW 4, S. 588 ff.

⑩ Vgl. dazu Text, Schluss von "Skoteinos".

⑪ Hegel, WW 2, S. 30. 中译参见黑格尔:《精神现象学》上,贺麟、王玖兴译,商务印书馆 1979 年版,第 17 页。译者注:这段话最后一句原文为:"Um zum eigentlichen Wissen zu warden, oder das Element der Wissenschaft, das ihr reiner Begriff selbst ist, zu erzeugen, hat es sich durch einen langen Weg hindurch zu arbeiten." 阿多诺强调最后一个词"arbeiten"。

⑫ a. a. O., S. 170. 中译参见黑格尔:《精神现象学》上,第 143 页。

⑬ Karl Marx, Kritik des Gothaer Programms, in: Karl Marx und Friedrich Engels, *Ausgewählte Schriften*, Stuttgart 1953, Ⅱ, S. 11. 中译参见《马克思恩格斯全集》第十九卷,人民出版社 1965 年版,第 15 页。

⑭ Vgl. Krone, a. a. O., S. 404 f.

⑮ Hegel, WW 2, S. 531. 中译参见黑格尔:《精神现象学》下,第 192 页。

⑯ Vgl. Max Horkheimer und Theodor W. Adorno, *Dialektik der Aufklärung*, Amsterdam 1947, S. 38.

⑰ Hegel, WW 7, S. 319 f. 中译参见黑格尔:《法哲学原理》,范扬、张企泰译,商务印书馆 1962 年版,第 245—246 页。

⑱ a. a. O., S. 322 f. 中译参见黑格尔:《法哲学原理》,第 248 页。

⑲ a. a. O., S. 396. 中译参见黑格尔:《法哲学原理》,第 808—809 页。

⑳ WW 2, S. 23. 中译参见黑格尔:《精神现象学》上,第 11 页。

㉑ WW 4, S. 87. 中译参见黑格尔:《逻辑学》上,杨一之译,商务印书馆 1966 年版,第 69 页。

㉒ a. a. O., S. 87 f. 中译参见黑格尔:《逻辑学》上,第 69 页。

㉓ WW 8, S. 204. 中译参见黑格尔:《小逻辑》,贺麟译,商务印书馆 1980 年版,第 189—190 页。

㉔ WW 4, S. 110. 中译参见黑格尔:《逻辑学》上,第 90 页。

㉕ a. a. O., S. 107. 中译参见黑格尔:《逻辑学》上,第 87 页。

㉖ WW 8，S. 91.中译参见黑格尔:《小逻辑》,贺麟译,商务印书馆 1980 年版,第 87 页。

㉗ a.a.O.，S. 35.中译参见黑格尔:《小逻辑》,第 34 页。

㉘ WW 2，S. 25.中译参见黑格尔:《精神现象学》上,第 13 页,译文有改动。

㉙ a.a.O.，S. 46.中译参见黑格尔:《精神现象学》上,第 31 页。

㉚ a.a.O.，S. 22.中译参见黑格尔:《精神现象学》上,第 10 页。

㉛ WW 10，S. 17.

㉜ WW 8，S. 372.中译参见黑格尔:《小逻辑》,第 345 页。

㉝ WW 4，S. 46.中译参见黑格尔:《逻辑学》上,第 32 页。

㉞ WW 2，S. 38 f.中译参见黑格尔:《精神现象学》上,第 25 页。

㉟ WW 7，S. 387 f.中译参见黑格尔:《法哲学原理》,第 301 页。

㊱ Vgl. Krone, a.a.O.，Ⅱ, S. 386.

㊲ Hegel，WW 2，S. 479.中译参见黑格尔:《精神现象学》下,第 142 页。

㊳ Kuno Fischer, *Hegels Leben*, *Werke und Lehre*, Heidelberg 1901, I. Teil, S. 87.

经 验 内 涵

在此作者将讨论推动黑格尔哲学并构成其真理内涵的精神经验的几种模型——但不是传记和心理学意义上的。首先,经验概念在黑格尔哲学那里是游移不定的:它只是在陈述中才能够被具体化。这个概念的目标并不是现象学的"源始经验"(Urerfahrung);也不像海德格尔在《林中路》中所作的黑格尔阐释那样,目标指向本体论的经验,指向"存在的语言",指向"存在者之存在"[①];按照黑格尔本身的学说,从思想的进程中蒸馏出来的经验内涵,根本不是这类东西。他的思想并没有认可海德格尔的主张,即"一向在意识之形成史中对意识而言产生出来的新对象,并不是某种真实之物和存在者,而是真实之物的真理性,是存在者之存在,是显现者之显现"[②];黑格尔也不曾给经验洗礼命名:反而,在黑格尔那里,经验所产生的乃是这种绝对真理的运动着的矛盾。没有什么被意识到的东西,"不是在经验中的"[③]——因此包括生存本体论将其根据迁入其中的那个存在,它既存在又是被经验到的。在黑格尔那里,存在与根据是"反思规定",正如在康德那里一样是与主体不可分离的范畴。黑格尔将经验理解为"意识对它自身——既对它的知识又对它的对象——所实行的这种辩证的运动,就其潜意识产生出新的真实对象这一点而言"[④];这与那些将经验假想为一种存在的方式,假想为一种前主体的"发生事件"(Ereigneten)或者"澄明者"(Gelichteten)的努力根本不是一回事。

但是,我们也不打算讨论经验性的单个观察,这些在黑格尔的哲学

中会得到综合性的处理。将黑格尔哲学的经验内涵主题化，并不是黑

296 格尔哲学中的经验内涵的主题化。我首先想到的毋宁说是黑格尔在其"哲学体系"*的"导论"中所说的那种"思想对客观性的态度"，就是黑格尔本人对客观性的态度。我会努力将其转换为尽可能当代的经验，即对黑格尔本质上发生了什么，他是如何看待这个世界的，这先于传统哲学的范畴，甚至更先于黑格尔的哲学和他的批判。在黑格尔传记中，关于其神学或者社会政治方面的动机的精神史优先性的争论，在此也不在考虑之列。像黑格尔一样，作者的兴趣并不在于主观上达到这个或那个学说，而是在黑格尔的精神中，客观显现者的强制，这些显现者在黑格尔哲学中自身所得到的反思和沉淀。作者也会忽视那些已经被编撰为黑格尔历史功绩的东西：发展概念的观念，以及其与柏拉图和亚里士多德以来静止形而上学的结合，或者是黑格尔体系中所有那些被编排入诸单一科学中的东西。作者想追问，他的哲学作为哲学所表达的是什么：尤其是它的实体是什么，这在单一科学的发现中是无法得到穷尽解释的。

对此的回溯似乎是对其时代的回溯。至少是后康德的德国唯心主义传统，在黑格尔哲学中有其最亲近的形态，已渐渐失去了光泽，其术语也往往与我们远远脱节了。黑格尔的出发点在整体上存在于，反对将对所谓给予物的直接接受作为知识之不可动摇的基础这种纲领。从黑格尔的年代以来，那种纲领绝不单纯存在于实证主义中，而且也存在于其真实的对手，如柏格森和胡塞尔那里，这几乎毫无疑问。无所不在的交换中介机制对人的直接性的影响越小，顺从的哲学就越是热切地宣称，它在直接的东西中占据着物的根据。这样的精神在实在科学以及在其反对者中都战胜了思辨。在此发生的，并不是思维风格或者哲

297 学模式的随意变换，好像哲学史的审美或者心理学上的意图所描绘的那样。唯心主义是出于强制和必然性而被遗忘的，这至少是一个文化

---

　　* 此处应指黑格尔的《哲学科学百科全书》，在原德文版中，阿多诺称其为"哲学体系"，且未加书名号。——译者注

的事情;更多的是出于批判性思索的强制,出于一个社会的发展趋势的必然性,而这个社会往往很少去兑现黑格尔的预测,即它应该是绝对精神:应该是理性的。另外,曾经坚固地建立的思想有一部真理的历史,并不单纯是死后的生活(Nachleben);其在直面它们所遭遇的事物的过程中,它们并非保持自身全无改变,那么黑格尔哲学,以及所有辩证的思想,在今天面对这样的悖论而变得曲折,即在科学面前它变得过时了,而在对抗科学时,它却前所未有地现实。这个悖论并不是通过一个"回到"(Zurück zu)或者对隐藏在黑格尔哲学中的一个概念辨析就得到解决的,它的解决依赖于我们是否坚持一场其本身早已过时了的学术复兴,依赖于当代意识是否把握住在黑格尔那里应有的真理内涵。如果人们不想半心半意地坚持被表扬为黑格尔现实意义的东西,对其哲学打折扣,那么他们便别无选择,只能将如今对他们来说陌生的因素设置在与黑格尔哲学所包含的经验的关系之中,即使这些经验在黑格尔哲学中往往是被加密了的,即使它的真理本身就是被遮蔽的。

我们不是借此拥抱经验主义而背叛黑格尔,而是保持对其本身哲学的忠诚:他所愿望的内在批判,这可以被算作其方法的核心部分。因为黑格尔哲学宣称要克服理性主义与经验主义之间的对立,正如要超越哲学传统中全部的固有矛盾;因此,正如其在世界的经验中解释性地掌控精神,它同时在精神的运动中构成经验。当人们谈论其经验内核的时候,理解的只是黑格尔的哲学言辞,几乎不考虑其在哲学史中的位置,而这个内核是必须与其精神相一致的。即使是海德格尔所引用的《精神现象学》"导论"中的那个地方,黑格尔本人也是将经验与辩证法相等同的。⑤但是如果我们反对挑选出一些单个的范畴和学说,而不同时进入其详尽的体系,尤其是这个体系只有在所有的单一环节之上才能决定的情况下,那么这些环节就再次被黑格尔自身的意图所遮蔽。这个体系不愿意被抽象地预先思考,不愿意成为无所不包的框架,而是想成为潜在于单个因素中发挥着影响的力量中心。它应该从自身出发,通过其运动和趋向,将自身堆积为一个并非外在于其特殊规定的整体。这当然并不确保,诉诸经验就证实了整体中对立双方的同一性,正如其当场就构成黑格尔哲学方法的前提和结果那样。但或许这种诉诸经验对于同一性诉求来说是性命攸关的。

开端的特殊困难并不应该隐瞒。经验概念在那些重点使用它的学派中,在休谟的传统中以直接性特征为标准,也就是说以对主体的直接性为标准。经验应该是直接在此的东西,直接被给予的,似乎是没有任何思想添加的,从而也应该是确实可靠的。但是这种直接性概念,借此扩而展之的经验概念,正是黑格尔哲学要发起挑战的。"人们常常把直接的东西视为更优越的,至于间接的东西,大家却想象成不独立的。但是,概念却具有着两个方面,概念是通过扬弃中介而作中介的,因而是直接性。"⑥ 在黑格尔看来,天地之间没有什么东西是不"被中介"的,因此其规定就不是单纯的在此,其单纯的定在就应该包含着一个精神的因素:"直接性本身本质上就是被中介的。"⑦ 黑格尔在所有论战中都以康德哲学为前提,而如果康德哲学努力将精神的形式剖析为所有有效知识的构成者,那么黑格尔为了清除形式与内容之间的康德式分裂,就将每个存在者都解释为一个向来同时也是精神的东西。在黑格尔的诸多认识论发现中,这一点并不是最微不足道的:即使是那些知识引以为支撑的最终和不可还原的因素,其本身向来也都是抽象的产物,从而也299 就是"精神"的产物。这一点可以这样简单地解释,即例如所谓的感性印象,旧的认识论将所有的知识都回溯到它,但其本身不过是单纯的构造物,在生动意识中出现的根本不是其纯粹的本身:那么,离开被构成的、对生动的知识来说陌生的实验环境,就不可能有单一的红色被感知到,而所谓更高一级的综合还要将其作为合成工作的原料呢!那种被误解了的直接性的基本性质,往往已然是被范畴赋形而出现的,在这里感性的和范畴的因素并不是作为"诸层次"而干净利落地相互衬托出来。"经验并不是单纯的看、听、摸等等,并非只是对于个别事物的知觉,主要是由此出发,找出类、共相、规律来。经验找出了这些东西,就碰到了概念的领域。"⑧ 黑格尔的这种反实证主义的洞见仅仅是在这一程度上被现代科学所收购了,即孤立的和未被质化的感性在此是不存在的,它应该向来已经被结构化了——正如格式塔理论已经说明的那样。但是，格式塔理论并没有动摇被给予性的第一性，没有动摇对其相对于主体添加物的优先性的信仰，并且由此来给予知识以和谐；正如对于实证主义者来说被给予物是直接的，对于格式塔理论来说这些被给予物借助于形式的同一性是直接的，这是一种意识内在性之中的物自身。被旧认识论粗略区分开的形式与被给予性，又不能连续地得到保护，只是格式塔理论才将其作为非本质出现的区分而维护下来，即借助于这样的一些区分，如好的完形(Gestalt)和坏的完形的区分；它们都是属于事前被批准了的完形概念本身的。黑格尔在其《精神现象学》中已经远远超越这一点了。他已经击碎了那种将单纯直接性作为知识基础的命题，并推翻了实证经验性的经验概念(empiristischen Erfahrungsbegriff)，而没有将被给予物作为感性的被给予物来颂扬。黑格尔哲学方法的标志性特征是，他用直接性自身的尺度来衡量直接性，并批判它根本不是直接性。它在原则上并不单纯是在原子—机械地被批判；它往往在自身之中已经有一个与自身相差别的东西，即主体性，离开这个主体性，它根本就不能被"给出"，而且并不已然是一般的客体性。"这种经验的原则，包含一个无限重要的规定，就是为了要接受或承认任何事物为真，必须与那一事物有亲密的接触，或更确切地说，我们必须发现那一事物与文明自身的确定性相一致和相结合。"⑨但在此黑格尔并没有简单地牺牲掉直接性的概念：否则他就失去了自己在理性意义上的经验观念了。"知识的直接性不单不排斥间接性，而且两者是结合着的：即直接知识实际上就是间接知识的产物和成果。"⑩离开一种直接的东西就谈不上中介，正如反过来，找不到一个未被中介的直接物一样。但是，这两个因素在黑格尔那里将不再是僵化地对立的。他们相互之间生产和再生产着对方，在每一个阶段上都重新塑造并将在整体的统一性中和解与消失。"但是要指出事实上有一种知识的进展，既不偏于直接性，也不偏于间接性，这就必须以逻辑学自身和全部哲学作为样本。"⑪可将黑格尔哲学归于经验的意图，似乎本身就要接受黑格尔在将康德批判主义升至极端时所道出的那种评判。为了在黑格尔哲学中以及面对黑格尔哲学的时候能够得到独特的处理，他的"经验"将影响深远地改变通常的经验概念。

最难的是去黑格尔哲学本身与那些将经验作为原则的哲学撇清关系的地方捕获它的经验内涵。众所周知,黑格尔的确强调非我的因素在精神之中最具活力。但如果争论说他是一个唯心主义者,那么这就涉及阐释艺术家们的特权了,即遵从"保持一致,要么就吃了你"的准则,在此他们看到了将一个伟大人物的权威性为其宣传所用的机会。他们肯定是将那个命题,即真理本质上应该是主体⑫,贬低为一种无足轻重的东西,这最终在黑格尔的体系中留下的就没什么特别的东西(differentia specifica)了。毋宁说我们应该去寻求黑格尔唯心主义本身的经验内涵。他与德国后康德体系的整个运动分有这种经验内涵,尤

301 其是费希特和谢林。或许是由于狄尔泰的强烈暗示*,被塞进这个时期的单个思想家以及他们之间的差异过于密集。其实,在从费希特《知识学》(*Wissenschaftslehre*,1794/1795)到黑格尔去世的几十年里,唯心主义并不是严格的个人运动,而是一种集体运动:用黑格尔的话说就是一种思想的氛围。这些思想既不是无遗漏地结合在这个或那个体系之上,也往往不是由某个人完全地表达出来。即使是在谢林与黑格尔分道扬镳之后,在这两者那里——在谢林一方是《世界时代》(*Die Weltalter*),在黑格尔一方是《精神现象学》——有一些表述和整体上的思想特征,都不容易把它们的作者等同起来,比他们年轻时代更不易做到。另外还需要清除一些困难。那些作者用来写作的概念,并不是后来与唯心主义世代相对立的哲学所塑造的模范科学的固定概念。那种集体赞同的氛围本身就允许人们表达出他们所指的是什么,即使在创新性语汇还不完全清晰透明的情况下;这或许会对抗简明扼要地表述的关切,似乎它会有伤这集体的赞同,在这种赞同中,人们意识到一致性乃是由于将

---

* 狄尔泰是 19 至 20 世纪的德国生命哲学家,其主要贡献在于区分了自然科学与精神科学,并力图基于这个区分为精神科学建立独特的认识论。在他看来,精神科学的研究对象乃是生命个体的表现,这些个体每一个都与众不同。以此来看德国古典哲学的时代,哲学家们就显得是密集地拥挤在一起的单个个体了。阿多诺意在反对这种看法。——译者注

它表述为归属自身的。唯心主义的经验内涵与它的认识论—形而上学立场的经验内涵根本就不相符合。"精神"这个词中的激情，最终让精神这个概念背上了亵渎神灵的嫌疑；这种激情反抗那种在所有地方都攫住权力的科学类型的最初症状，即使是在这种科学的对象应该是精神的地方。这种冲动在黑格尔"差别论文"中的这些地方就有迹可循了：

> 只是就反思与绝对物有联系而言，它才是理性，它的活动才是知识。但是，通过与绝对物有关，它的作品就消逝了，只有关系还存在，并且是认识的唯一实在。因此，没有孤立反思的真理，没有纯粹思维的真理，只有孤立反思被消灭的真理。但是，因为绝对物在哲学探讨上是由反思为了意识而产生出来的，因此，绝对物变成一个客观的总体，一个知识的整体，一个认识的有机体。在这个有机体中，任何部分同时是整体，因为它的存在就是作为与绝对物有关系。作为部分，在自身之外还有别的部分，他就是一个被限制物，并且只由其他部分所限制。作为限制被孤立，是它的缺陷，它之有意义与重要性仅在于与整体有联系。因此，不能把各自的概念、个别的认识当作一种知识来谈。能够有的是大量的个别的经验的认识。作为经验的知识，它们将提出它们在经验中的辩护，即在概念与存在、主体与客体的同一性之中。它们正由于如下原因不是科学的知识，即因为它们只是在这种被限制的、相对的同一性中才有辩护，既不能合法地证实自己是作为在意识中构成的认识的整体的必然部分，也不能通过思辨去认识它们之中的绝对同一性，即与绝对物的关系。⑬

作为对今天以及当时占统治地位的科学运作的批判，甚至黑格尔的整个唯心主义都是有其现实性的：反对一个他者，而非其自身。向来盲目地提升精神的渴望，从对僵死的知识的反抗中引出其力量：反抗黑格尔同时已经溶解了的物化意识，这个意识又不可避免地作为浪漫主义的对立面而被拯救下来。后康德的德国唯心主义的经验，是对小市民的狭隘性作出反应，是对内在于现在被突出的生活和组织化

302

的知识领域中的劳动分工的满足作出反应。在这个范围内，那些看起来外围的、实践的作品，如费希特的《演绎规划》（*Deduzierte Plan*）和谢林的《学术研究导论》（*Einleitung ins akademische Studium*）才具有哲学的分量。* 例如无限性这个关键词，在他们所有人的笔下都是被轻易写出来的（与康德不同），这只有着眼于他们那里有限物的困窘是什么，着眼于顽固的自身兴趣以及将其反映出来的知识的僵化的单一性，它才具有特殊色彩。在这种条件下，谈论整体性表达出其论战性意义还仅仅是反智主义的意识形态。在唯心主义的早期，因为在欠发达的德国市民社会作为一个整体仍然尚未形成，对个别物的批判则具有另一种尊严。在理论领域，唯心主义意味着这样的洞见，即积累下来的单个知识并不是整体，最好的知识例如人类的潜力穿过分工的网眼而迅速滑落掉了。歌德的"只缺了精神卷"（《浮士德》）警句式地道出了这个事实。曾经，唯心主义攻击浮士德的瓦格纳医生。只有当瓦格纳这种人继承了唯心主义，唯心主义者才揭露出自身的个别性，至少如黑格尔在费希特身上已经看透了的那样。在总体的社会中，总体性就成为了极端的恶。在黑格尔那里，在进步背景的需要中一起共振的还有追求和解的需要；自从这个和解达到了黑格尔在概念中所热切期盼的那种现实性之后，它就被总体性所阻断。

要理解科学批判的动机：紧贴着主体的东西，对单个主体来说并不是真理的根据，并不是绝对的确知，并不是"直接的"；获得这些洞见还不需要思辨的概念。个体的个人意识（传统认识论分析了其关联），作为假象是可以被透视的。这不仅仅要归功于其承担者，即社会生活的实存和再生产；而且，所有由此被构成特殊认识者的东西，也就是包括始终统治着其思想的逻辑普遍性，正如涂尔干学派所证明的那样，向来

---

* 即费希特的《对一所将在柏林建立的高校的演绎规划》（*Deduzirter Plan einer zu Berlin zu errichtenden höheren Lehranstalt*），以及谢林的《关于学术研究方法的演讲》（*Vorlesungen über die Methode des akademischen Studiums*）。这两个作品都反映了作者从自身的哲学立场出发，试图影响公众精神生活和社会生活的努力，阿多诺在此强调这个时代哲学与现实社会之间的密切相关性。——译者注

也都是社会性的东西。个人借助于直接地被给予他的东西,将自身视为真理之适当根据,他也要服从于一个必然对自身有个人主义误解的社会的蒙蔽关联。被认为是第一的东西,被认为是无法反驳的绝对者的东西,都是要从每一个感性的单个数据中推导出来的,是第二位的。"就个人在日常的散文世界里所表现的来看,他不是以他自己的整体去活动,从他本身不能了解他,要从他的旁人才能了解他。"⑭从纯粹在此的直接性出发,从被误解的最确知出发,超越不了向来在此的单个人的偶然性,超越不了唯我论——用叔本华的话说,人们或许可以治愈唯我论,但是却不能反驳唯我论,这就是那种蒙蔽关系必须付出的疯狂的代价。将单个的人理解为政治的动物(zoon politikon)并将主体意识的范畴隐蔽地理解为社会性范畴,这种思维不再紧紧依靠一个经验概念,这 304 个经验概念将个人实体化了,即便它并不愿如此。走向所有个人之间相互依赖的意识的经验过程,反向纠正其单纯个体性的起点。黑格尔哲学已经记录下了这点。它对直接性的批判给出了如下说明,即朴素的意识信以为紧贴着它的直接物,客观上并非直接物和第一者,并不优先于其他所有东西。黑格尔摧毁了第一者本身的神话:"那初期开始的哲学思想是潜在的、直接的、抽象的、一般的,以及尚未高度发展的思想。而那较具体较丰富的总是较晚出现;最初的也就是内容最贫乏的。"⑮就这种祛神话化的方面而言,黑格尔哲学就成为了走向非朴素性的广泛承诺的简明表达方式,就是对那种不停地编织着自身假象的面纱的世界状态的早期回应。"其实,思维本质上就是对当前的直接经验的否定。"⑯正如黑格尔的对立者叔本华一样,黑格尔想要这样撕毁这张面纱:就是要挑战康德关于自在之物不可认识的学说。⑰这的确是其哲学最深刻,也是其本身隐蔽的动机之一。

在此触及思维层面,正如费希特那里也已发生的那样,它通过一种新的表达需要,区别于康德以及整个80年代。成熟的思想想要书写精神的历史,想要成为敲击着它的时钟的回响,而这在之前它只是无意识地做出的。这更多地是德国唯心主义,尤其是黑格尔与启蒙运动之间的区别,若与官方哲学史的一般记录相比较的话:更重要的是启蒙运动的自我批判,是对具体主体和历史世界的毫不犹豫地接纳,是哲学思考的动力化。至少在康德那里,理论哲学还拥有用于实证科学的法规,还在检验其有效性,也就是探讨科学知识如何可能的问题。而现在,哲学借助于其整个科学理论自我思索的操纵手柄,转向人们在现实性上所维持的核心内容,但同时这也是从诸单一科学的网眼中迅速滑落的东西;哲学仍然有义务要说出这些东西。没有更大的质料王国驱动着哲学思维的那种内容化,这就是与康德相对的,现在也是与费希特相对立的哲学氛围。但是黑格尔并未不假思索地将哲学推向对现实物的经验的思想连贯加工,例如天真的实在论,或者用质朴语言说即无约束的思辨。毋宁说,他通过批判—启蒙哲学和科学方法的批判性自我反思,将哲学带向了对本质性内容的洞见,而不是满足于对认识逻辑可能性的导论性检查。受过科学训练的黑格尔借助于科学的手段,超越了那种固定的并给予秩序的、以损害质料为目标的科学的边界,这种科学在他之前流行,在他之后又作为思维失去了其自我反思的无穷张力。黑格尔的哲学是一种理性的哲学,同时也是一种反实证主义的哲学。他的哲学与单纯的认识论相对立,因为它指出,按照认识论来说构成知识的形式,同样依赖于知识的内容,反之亦然:"但是根本不存在没有形式的质料,也不存在没有质料的形式。——形式与质料是相伴相生的。"⑱但是,为了证实这一点,他还是要利用前后一贯的认识论。如果认识论作为关于内容之偶然性和不可穿透性以及形式的无条件性的学说,在形式和内容之间挖下了鸿沟,那么他就要提升认识论,直到其确信,移除这道鸿沟这项工作对它来说是不适宜的;确信设置界限的意识,必然要借助于这个设定而超出这个界限。对黑格尔来说,歌德的命题具有准则性意义,即所有在其种类上来说完满了的东西,都指向其种类之外;正如黑格尔借助于歌德而进一步指出的,是他注意到了关于源始现象(Urphänomen)的学说与自身推动的绝对者的学说的表面差别。

康德已经将哲学"固定"在先天综合判断之上;古代形而上学在理性批判之后的剩余,似乎都被集合到此了。但是,先天综合判断却被一对深刻的矛盾划开。如果它是严格的康德意义上的先天，那么它就不能拥有任何内容，形式在事实上如果是纯粹的逻辑命题，就是同语反复，在其中知识本身不能添加任何新的、别的东西。如果它是综合的，即真正意义上的知识，而不是主体单纯的自我复制，那么它就需要内容，这却是康德想要作为偶然和单纯经验驱逐出知识的领域之外的。后来形式与内容到底是如何汇聚到一起，相互适应；如何走向康德想要为其有效性辩护的知识，从这种极端鸿沟看来简直就是一个谜。黑格尔是这样回应的，即形式和内容本质上应该是相互中介的。但是这就是说，认识论所拟定的那种关于知识的单纯形式学说，扬弃自身是不可能的；为了实现认识论沉湎于其中的那种有效性，哲学必须冲破这种认识论。那么内容性的哲学思考，即考虑将经验带向其必然性和判断，通过其自身规定恰恰影响着形式性的哲学思考，而后者曾经是将内容性的哲学思考作为单纯的教条主义而拒绝和禁止的。借助于这个向内容的过渡，在整个柏拉图—亚里士多德传统直到康德都被一贯保存下来的先天和经验的分裂，首次被费希特质疑并一笔勾销了："经验的东西，在它的综合里面被把握时，就是思辨的概念。"[19] 哲学获得了这样的权利，接受了这样的义务，即回溯到质料性的、社会化的人类的现实生活过程所发源的因素，将其视为本质性因素，而非单纯偶然的因素。当今错误地复活的形而上学，将这作为向单纯事实性的堕落来惩戒，并妄称要在存在者面前保护存在者之存在（Sein des Seinden vorm Seinden）；它在诸多关键地方已经落后于黑格尔了，正如它或许也会误认为自身比德国唯心主义更加进步那样。因为其唯心主义，因为黑格尔与现象学、人类学和本体论等学派的具体化相对立而被抽象地责骂，但是黑格尔已将无限多的具体物引入了他的哲学思想之中，而并不是那些方面，即不是因为他的思辨想象力的现实性意义和历史眼光被耗尽了，而是借助于他的哲学方法——人们可能会说，因为思辨本身的经验特征。黑格尔要求哲学必须能理解，"哲学的内容就是现实（Wirklichkeit）。我们对于这种内容的最初的意识便叫作经验。"[20] 它不想被恐吓，以放弃理解那个现实及其内涵的整体的希望，对这个整体，科学活动已经以

307

51

有效和严密的发现之名将哲学阻拦开了。黑格尔觉察到了康德的顺从态度中的退却和粗暴,反抗了那条众所周知的命题,这个命题使得康德的启蒙在蒙昧主义那里也显得可爱:"因此我不得不悬置知识,以便给信仰腾出位置,而形而上学的独断论,也就是没有纯粹理性批判就会在形而上学中生长的那种成见,是一切阻碍道德的无信仰的真正根源,这种无信仰任何时候都是非常独断的。"㉑黑格尔对此的反题是这样说的:"那隐蔽着的宇宙本质自身并没有力量足以抵抗求知的勇气。对于勇毅的求知者,它只能揭开它的秘密,将它的财富和奥秘公开给他,让他享受。"㉒在这样的表述中,黑格尔将早期资产阶级的,即培根的热情扩展到了成熟的人性:它大获成功了。与当下时代的情况相反,这种冲动奠定了黑格尔哲学的真正的现实性。用其在早期黑格尔那里(在荷尔德林那里也类似)的尺度来衡量,对那种承诺要将自身付诸"运用"并从而怀疑自身的精神进行判断,那么唯心主义的极致就隐含着其唯物主义的内容。在这种极致的唯心主义与后来人们称为实在论的东西串通一气的地方,这些隐含的唯物主义内容就消失了;在精神自身调整适应的地方,当然有诸多证据会向精神展示出,若不通过调整适应,它便不能实现自身了。黑格尔越是背靠社会唯物主义,他就让唯心主义离认识论越远;与康德相反,他就越加固执地从内部出发来把握对象。精神相信,它本就是世界"自身",这不仅仅是其无限力量的一个受限制的假象。黑格尔哲学还阐述了这样的一个理解,即根本没有什么东西是处于人类生产之外的,没有什么东西是独立于社会劳动而存在的。即使是看起来并不依赖于它的自然也是通过劳动而被规定的,并在这一意义上是通过劳动而被中介的;此类背景关联在所谓的非资本主义领域的问题上还是清楚明白的,按照帝国主义理论,这些地方乃是资本主义的功能:资本主义需要它们以供资本使用。莱布尼茨主张世界的构成是从其自身内在的原则出发的,这还被康德斥责为独断的形而上学,在黑格尔这里则被反转为独断论的对立面。存在者以劳动产品为生,而无论如何自然因素又不在这个过程中消亡。最终如果在总体中,正如黑格尔所认为的,所有一切都坠入了作为绝对精神的主体之中,那么唯心主义就因此而扬弃自身了,因为再也没有什么差异规定留存下来了,而这种规定本是作为差异者的主体让自身得到规定的东西。在绝对者之中,如果客体曾经是主体,那么客体面对主体就不再处于劣势了。同一性在其巅峰之处成为了非同一物。这种不可跨越的界限被引入黑格尔哲学,它禁止人们公开地跨出这一步,所以对于其自身的内涵来说它也是不可反驳的。黑格尔左派思想并不是超越黑格尔的精神史发展(那或许是借助于误解而扭曲了黑格尔),黑格尔左派忠于辩证法,即黑格尔哲学的自我意识的一部分,这种自我意识为了继续保持哲学,就必须抛弃黑格尔哲学。

所以,不应该急于把黑格尔的唯心主义酵素当作狂傲自大而置之不理。它的力量取之于从所谓前科学的人类知性在科学上感知到的东西,以及这种知性祛除其过度自满时所看到的东西。为了能够以其所夸耀的清楚明白的概念来进行操作,科学就固定于此;它进而义无反顾地作出判断,借助于概念在其固定化过程中所指的事物,生活是不能得到详尽说明的。尚未被科学树立起来的精神,反抗实用性概念规定和单纯的动词定义(Verbaldefinitionen);它不将概念作为游戏筹码使用 ³⁰⁹ 而是如其名称所想要的那样去把握事物本身是什么,以及事物所包含的是些什么本质性的以及相互之间并不齐一的因素,这个需要道出了那个被斥责为昏君的黑格尔唯心主义的规范,这种唯心主义想要通过其概念完全解释事物,因为事物与概念最终应该是一回事。从表面上看,黑格尔哲学中再没有哪里比这里更远离前辩证法的经验概念的了:归属于精神的东西将分有精神,而不是精神知识将它们组织起来,因为它们本身反过来无非就是精神。但是黑格尔哲学的这种反经验主义矛头,并没有扎空。它指向事物本身,即知识的对象与其单纯的经验科学(szientifischen)铸件之间的差异,自我批判的科学(Wissenschaft)是不可能满足于这种铸件的。当然,概念不能飞跃并脱离其抽象的、分类的、切割的和武断的本质。黑格尔有特别的理由憎恨这样的尝试——当时是谢林的尝试。这些尝试泄漏了他最为关切的是什么,是事物本身的真理,一种理智直观,但并未超越概念,而是在概念之下,这个直观

53

恰恰是因为它欲篡夺概念的客观性而倒退到单纯意味的主观性之中去了。哲学思想所反对的，几乎没有什么东西比欲让它出丑的紧贴之物更加微妙的了，因为后者将整个差别隐藏在不可察觉的细微之处。因此黑格尔主张，概念的含义正是为了避免歪曲，应该按照对象所提供的内容改变自身，"推动"自身，这样概念就在整体上保持为概念，就会得到更为科学的（more scientifico）坚持。这个前提在没有展开的情况下乃是悖谬的，而辩证法期待的就是将它展开。辩证法并不是准备通过一种骗取来的概念去替换另一个概念，以这种方式解释概念的话，它就变成对辩证法的滑稽模仿和独断的呆滞化中的那样了；它不是像人们 310 苛求黑格尔的那样，应该删除矛盾的命题。毋宁说辩证法就是矛盾本身：固定的概念与运动的概念之间的矛盾，被哲学思维所看到。由于概念是固定的，也就是说它的意指面对着在其之下被把握到的东西，表明其与事物之间的同一性，就像定义的逻辑形式所达到的那样；同时表明的是非同一性，也就是说概念与事物并不是一回事。对其自身的意指保持忠诚的概念，恰恰因此必须改变自身；如果哲学认为概念高于一种知性的单纯工具，那么就必须按照它本身提供的东西而告别那想要在此阻碍哲学的定义。概念的运动并不是智者般的操纵，即从外部将别的意指嵌入进来，毋宁说它是无处不在的、被每个真正知识所激活的对统一性的意识，以及尽管如此仍然不可避免地存在的概念与其所要表达的东西之间的差别。因为哲学不放弃那种统一性，所以它必须承担这种差别。

但是，尽管黑格尔那里存在着所有的自我反思，黑格尔说"反思"和"反思哲学"以及其同义词却常常带有鄙视的语调。可他对反思的批判——在此他连费希特都没有放过，本身还是反思。这清晰地展示了主体概念的那种分裂，这将黑格尔和他的思辨唯心主义先行者们与康德强烈地区分开。在康德那里，哲学进行的是对理性的批判；一种某种程度上的科学意识、按照逻辑规则的诊断，被运用在作为知识的条件的意识之上——用今天的用语说就是"现象学"。康德所没有思考到的关系，即哲学的和批判的意识与被批判的和直接的对象之间的关系，被黑

54

格尔洞悉并成为主题得到反思。在此意识作为客体,作为需要以哲学的方式把握的客体,变成了有限物、有边界之物,成了不充分的东西,作为在康德那里就已经倾向于设计的那种东西:康德因为这样一种有限性而不允许将这种意识设计放纵到理智世界之中去。康德将意识限定为一种直截了当地作判断的科学的意识,而在黑格尔这里,这种限制翻转而成为了意识的否定性,作为一个坏的东西和自身有待批判的东西。反之,那个透视了意识之有限性的意识,才是"设定"被思考的主体的那个主体,恰恰由此也将自身设定为无限的;按照黑格尔的意图,在实现为无限性的哲学中,表明自身为绝对精神,在其中主体与客体的差别便消失了,绝对精神之外一无所有。而其中的这种要求仍然是成问题的:反思之反思,即哲学意识的重叠,也不是被释放的意识的单纯游戏,而且外化了的思想的质料似乎反而有充分的根据。由于意识通过自我反思回忆起它在现实性上错失了什么,它的秩序概念被篡改了什么,用它的"被给予性"(Gegebenheiten)对紧贴之物的偶然性做了什么毁伤,科学的思维在黑格尔那里就触碰到了因果—机械的科学作为统治自然的科学让自然遭受的东西。在此黑格尔与柏格森之间的差别根本不大,后者像黑格尔一样,借助于认识论分析揭示出目光短浅的物化科学的不充分性,揭示其与现实物的不相称性(Unangemessenheit),而未经反思的科学喜欢将这种不相称性作为单纯的形而上学断然加以拒绝。当然,在柏格森那里,科学精神实施了对科学精神的批判,而没太关心这样一种自我批判中的矛盾。柏格森因此可能是一个认识理论家,同时是一个非理性主义者:他的哲学没有战胜这两个方面之间的关系。但是,黑格尔这个"百岁老人"的确做到了这一点。他知道,任何对物化的、分割的和异化意识的批判,若是单纯从外部树起与之对立的知识源泉,那么它都是无力的;理性的一种观念,若它想要从理性中跳出去,必须无可选择地服从理性本身的标准。因此,黑格尔就将科学精神与科学批判之间的矛盾当作哲学思考的动力本身,而这在柏格森那里是分裂的。反思思维只有通过反思才能超出自身;逻辑禁止的矛盾,变成了思维的器官:逻各斯之真理的器官。

311

312

黑格尔的科学批判——这种科学的名称被黑格尔反复强调，并不是要针对经验科学思想而辩护性地复辟前康德的形而上学，经验科学越来越多地从科学（Wissenschaft）这里夺走了它的对象和学说。针对理性的科学，黑格尔以一种彻底理性的思维来作出反抗：自命为真理之适当源泉的科学，借助于其自身的秩序概念，借助于其内在的无矛盾性和可实用性，它就制备对象，修剪对象，直到它们能适应体制性的和"实证"的学科为止。科学更关心其自身的游戏规则，甚于关心事物的生命，这推动着黑格尔的物化概念：任何作为不可侵犯、不可还原的真理出现的东西，已然是一种装备活动的产品，一种第二位的东西，一种被推导出来的东西。哲学意识的任务尤其是，通过其自我反省而让在科学中凝固的东西重新流动起来，反向流进那科学已经疏离了的领域。它自身的客观性是单纯主观的：黑格尔对知性的非反思工作的反对，是理性的，正如他对它的纠正一样。在黑格尔看来，对那种实证主义的科学运作的批判已经完全展开，而当今在全世界范围内，这种运作越来越扮演着知识的唯一合法形态的角色。早在事情发展到如此程度之前，黑格尔就认识到，这个科学的运作正如无数空洞和愚钝的研究所表明的那样，是物化——也就是虚假的、外在于事物的，用黑格尔的话说就是抽象的客观性——与一种天真性的统一体，这种天真性将世界的铸件、事实和数据与世界的根据混为一谈。

以认识论以及由此外推出的思辨形而上学的语言，黑格尔道出了资产阶级时代的物化和合理化了的社会——在其中自然统治的理性获得了完成，有可能变成一种尊重人类尊严的社会，但并不是通过其向古313 代、分工之前的和非理性的阶段倒退，而是通过将其合理性运用于自身，换言之，非理性的标志要治愈性地领悟到其本身的理性，但同时理性物的踪迹也要领悟到其非理性物。在这其中，非理性的方面在现代合理性那种普遍灾难的恐怖后果中公开出来了。叔本华主义者瓦格纳在《帕西法尔》（Parsifal）中将黑格尔的那种经验以古代的修辞表现出来：长矛只会堵住它所扎出的伤口。黑格尔的意识遭遇主体与客体之间、意识与现实之间的异化，是前所未有的。但是，他的哲学从这种遭遇中获得的力量,并不是要逃避到一种世界的幻想中去,逃避到一种单纯直接性的主体那里去。它不能就此而被迷惑,即只有通过整体的实现了的真理,一种单纯特殊的,也就是服务于单纯个别兴趣的理性的非理性(Unvernunft)才会消亡。这在黑格尔的反思之反思中不能只算作非理性的姿态,诚然,在黑格尔对已然变得不真的社会中的真理尝试进行绝望地拯救的地方,有时候被诱导至此。黑格尔在哲学意识中所做的主体自我反思,其实是社会对其自身逐渐明白起来的批判性意识。

　　矛盾的动机,从而也就是一种对主体来说冷酷的、陌生的和强制性地出现的现实的动机,是黑格尔在柏格森这个绵延形而上学家之前就具有的,一般来说被视为黑格尔哲学的总原则。这个总原则承载着辩证的方法。但正是这动机自己要求过渡到它所说出的精神性经验之中。人们很容易就会形成一种单纯哲学史的思考,将精神的诸阶段归置到简明的上级概念之下,归置到标题之下。人们将辩证法矮化为可选择的世界观,如其被批判的哲学(包括黑格尔在内)击中的那样。因此这些问题是不可避免的,到底黑格尔从何处获得权利,让思想所面对的东西以及思想本身都要服从矛盾的原则。在黑格尔哲学中的一些地方,他听任事物自身的运动,人们尤其想在这些地方治愈黑格尔式的武断思想;一种武断的因素,被怀疑为旧的独断论所具有,正如事实上所罗门·迈蒙(Salomon Maimon)以来的思辨哲学在很多时候都将它回溯到前康德的理性主义那样。针对朗朗上口的"正反合"三段式框架,黑格尔表达了锐利反驳,说它只是单纯的方法;在《精神现象学》的"序言"中是这样说的,只要它还是一个框架,那么就仍然是单纯从对象外部留下印迹,这种"伎俩"(Pfiff)㉒就迅速学会不满足于平息那种猜疑。因此人们也很难满足于:没有什么孤立的原则,这里就是中介的原则,生成的原则,矛盾和辩证法本身的原则,作为超越和绝对的原则而成为真理的钥匙;这个真理应该唯独存在于相互产生的因素之间的关系之中。所有这些都可能只是单纯的断言而已。用黑格尔的话说,怀疑辩证法是一种本身孤立地、"抽象"地编造的空话,在今天就由此而得到证实,即源于黑格尔的辩证法的唯物主义版本,即动力思

314

想（κατ' ἐξοχήν）的版本，在东部地区被面目可憎地缩减为"辩证唯物主义"（Diamat），被扭曲为僵化的一字面上的教条。请求那些已经被降格为经典人物的就职者，无论是之前还是现在，都会阻碍任何作为客观主义偏离的事实性思索；黑格尔的概念运动，在"辩证唯物主义"中被冻结为信仰表白。而与此相反，辩证法那运动着的经验，始终更多地指黑格尔之后尼采在如下命题中说出的东西："在现实中出现的，无非都是严格符合逻辑的东西。"[24]但是黑格尔并不是简单地宣布这一点，而是从对逻辑及其形式的内在批判出发而赢得了这一点。他演绎出，概念、判断和推理这些不可或缺的工具，为了借助于一个存在者本身的意识而确保自身，往往陷入与这个存在者的矛盾之中；所有单独的判断，单独的概念，单独的推理，按照一种真理的严格意义说，都是虚假的。这样，在黑格尔这个康德的批判者那里，康德这个单纯"狂想"的死敌，将偶然和单个的规定绝对化的思想的死敌，其锋芒转向了自身。黑格尔反对康德关于知识的界限的学说，但同时又敬重它。在每个单独规定中演示出来的主客体差别的理论，就是从这个学说中产生出来的。这个差别接下来出于其自身的修正而推动超越自身，走向适当的知识。对黑格尔哲学中否定性的第一性的辩护是根据，引起知识之批判性的自我思索的界限，不是什么外在于知识的东西，不是对知识的单纯他律的诅咒，而是居于知识的所有因素之中。任何知识，只要不是冒进到无限者之中的知识，都已经通过系动词的单纯形式而指向整体的真理，但是却无法达到它。因此，在黑格尔看来，康德的知识界限就变成了推动知识本身进展的原则。"某物之所以为某物，只是由于它的限度，只是在它的限度之内。所以我们不能将限度认作只是外在于定在，毋宁应说，限度却贯穿于全部限有。"[25]否定的普遍性并不是什么形而上学的灵丹妙药，不是什么万能钥匙，而是那种打碎灵丹妙药的知识批判健康成长为自我意识的结果。换言之，黑格尔哲学是一种非凡意义上的批判哲学，而它从存在开始对其概念的检查，总是同时将特别地要反对它的东西保存了下来。通过愚蠢的理智对黑格尔进行的所有曲解中，最蹩脚的就是，辩证法必须无差别地对所有东西都有效，否则它什么都不是。

如果说康德还停留在对一种理性的批判之上，那么在批判康德作出的理性和现实之间的分裂的黑格尔这里，理性的批判同时也变成了一种现实的批判。所有单个规定的不充分性，往往同时也是被其把握的那种特殊现实的不充分性。尽管体系最终将理性与现实、主体与客体相互之间等同起来，辩证法还是由于其借助于自身的概念与每一个现实相对立，将其自身理性的论战矛头指向单纯定在的非理性，指向那绵延不断的自然状态。只要现实还不完全是理性的，只要它还是没有和解的，那么它对于辩证法来说就会被揭露为濒临死亡的。借助于规定了的否定（bestimmte Negation）这个概念——在此黑格尔远胜过尼采那个命题以及任何非理性主义，他批评的不仅仅是抽象的总概念，还有否定的概念本身。反而是否定同时深入那个现实，深入到社会之中，在其中自身批判的概念本身才拥有其内涵。"就关于上帝，关于法律和伦理原则的直接知识而论"，它们"仍然完全是受中介性的制约，所谓中介性，是指发展、教育和教养的过程而言的"㉖。

在社会中辩证矛盾就已经被认识到了。黑格尔本人的同一性哲学建构需要从客体出发来把握矛盾，也同样需要从主体出发来把握矛盾；在矛盾中结晶出来一个经验的概念，而这个概念超出了绝对的唯心主义。这就是对抗性的总体的概念。正如与单纯主体的直接性相对立的普遍中介原则要回溯到社会过程的客观性，直至深入到思维的所有范畴，都要优先于单个主体的偶然性，和解的整体的形而上学观念作为所有矛盾的总概念的观念，就赢得了一种分裂的模型，但它仍然是一个社会的模型。这就是社会的真理。因为黑格尔并不止步于一种对抗性的现实的一般概念，例如存在的源始对立的表象。从紧邻之物、直接单个人的意识批判性地走出的过程中，它毋宁说就在《精神现象学》中通过存在者的历史运动实现了这种意识的中介，这让黑格尔超出了所有单纯的存在形而上学。一度被触发起来的哲学具体化，不能因为其欺骗性的尊严而被打断。"僧侣般地畏惧感性的当下就是抽象思想的胆怯；而现代抽象具有这种令人恶心的狂妄，与感性当下的环节相反。"㉗那种具体性让黑格尔能够借助于矛盾的观念贯穿那源于唯心主义体系的总体观念。总体性的逻辑—形而上学理论作为矛盾的总概念，就意味着，就解码出，社会不应是一个被矛盾和不协调性单纯地破开和干扰的东西；它并非将总体性视为一个光滑的整体，而是只有借助于自身矛盾才能成为总体性的总体性。社会的社会化，它的联合其实更像体系（这是为黑格尔辩护）而非有机体，直到今天都从统治的原则中引出的结论：分裂本身，以及其深远之传承。只有通过另一对兴趣，即支配的兴趣和生产的兴趣之间的分裂，社会才维持了自身生命的持存，再生产并扩大了自身，才发展了自身的力量。面对着所有伤感主义（Sentimentalismus），面对着浪漫主义，面对所有倒退的思想和对过去阶段上的现实的保存，黑格尔看到了这一点。总体性要么借助于自身的和解而走向自身，也就是通过解决它的矛盾而清除其自身的矛盾，并不再是总体性，要么就是让旧的非真理延续下去，直至灾难的发生。社会的整体，作为一个矛盾的整体，自身超越自身。歌德—梅菲斯特的（Goethisch-Mephistophelische）原则＊，即所有出现的东西都是有价值的，在黑格尔这里就是说，毁灭，即所有单个事物的虚无化，乃是以个体化本身为条件的，是以特殊性，以整体的法则为条件的："那孤立的个体事物是不符合它自己的概念的；它的特定存在这种局限性构成它的有限性并且导向它的毁灭。"㉘个别事物作为分裂的事物，在合理性与和平面前就是不合理的，这和平应该是整体唯一的表达。如果单个的人，因为他们看重的东西除了自身利益之外一无所有，那么就将自己托付给了限制、愚蠢和虚无；一个社会只是通过特殊利益的普遍因素才团结并运作起来，如果这个社会最初指向的结果完全落空，整个地失败，那么这可不是以比喻和辩证的谈论方式对事实的简单说明。社会的"表达方式"可不是被黑格尔单纯地"卖弄"，正如后来马克思在那个著名的地方所说的那样。＊＊

318

＊ 梅菲斯特是歌德《浮士德》中引诱浮士德的魔鬼，它代表着人类灵魂中的丑陋与罪恶，但却不是虚假的，而是有待人类去处理的。——译者注

＊＊ 马克思在《资本论》第二版"跋"中曾说他是黑格尔的学生，而且在论述价值的时候还"卖弄"起黑格尔特有的"表达方式"来。参见马克思：《资本论》第一卷，《马克思恩格斯全集》（第二版），人民出版社 2001 年版，第 22 页。——译者注

毋宁说,它在某种程度上将黑格尔哲学翻译回那已被黑格尔投射到绝对者语言中的东西上来。当辩证法威胁到其本身的时候,黑格尔在《法哲学原理》中通过对一个范畴即国家的突然绝对化,中断了这类思想,从而就造成了黑格尔的经验虽然确保了资产阶级社会的边界,处于社会自身的趋势中的边界上,但是作为资产阶级的唯心主义者,他止步于这个边界之内,因为在边界的彼岸他没有看到任何现实的历史性力量。黑格尔不能掌控其辩证法与他的经验之间的矛盾:而只有这才能让批判者作出肯定的姿态。

作为方法的辩证法的神经,乃是规定了的否定。它是建立在其对批判的无力这个经验的基础之上的,即只要它维持在一般物之中,例如它从上至下地将对象归置在一个概念之下,作为这个概念的单纯代表,从而以这种方式来摧毁被批判的对象。只有将保存在其自身的对象中的力量释放出来,批判性思想才是富有成效的;对这个对象来说,在两方面都是富有成效的:正面来说是对象被带向自身,反面则是对象被告诫,它仍然根本不是它本身。任何在普遍领域中建立起来,未受特殊物污染的所谓脑力劳动的枯燥无味,黑格尔是感受到了的,但他并没有抱怨,而是批判—生产性地对待之。辩证法道出了那里并不是哲学知识的家园,而是传统的归宿点;在这里,哲学太过于轻易,似乎没有饱受存在者的沉重和反抗而繁荣,而只有在哲学炸开被传统思想认为不透明、不可穿透和单纯个体化的东西的地方,它才真的得到提升。辩证的命题就涉及这一点:"直截了当地说,现实物就是一般与特殊的同一。"㉙但是,这个转向现在并不是要哲学反向固定在松散的定在上,作为它自身的努力,不是最终又重新回复到实证主义。的确,在所有存在者的总概念的神化中,在黑格尔看起来已经隐秘地由一种实证主义冲动所支配。但是,让特定的单个事物向知识开启的力量,始终是其单纯单一性的不充分性。任何存在的东西,始终都要溢出其自身。只要整体在单个事物的微观宇宙中起着作用,人们就有理由说黑格尔在这里重复了莱布尼茨的思想,但是黑格尔也专注于反对单子的抽象性。如果用非反思的精神经验来解释:如果一个人想要认识一件事物,而又不用范畴

319

之网去捕获之,那么他就必须毫无保留地、祛除事先考虑的掩盖而沉湎于其中;他只有在如下情况才能如愿以偿,即他本身作为理论,已然期望那种沉潜到对象中才能实现的知识的潜在性。在这个意义上,黑格尔辩证法借助于哲学的自我意识描绘出一条生产性的思想,而不单纯是重新构成和重复的思想。当然,它遮盖了那种思想本身;人们几乎都相信,在黑格尔那里这种思想要成为生产性的,就必须被遮盖。辩证法既不是一种归纳的理论,也不是一种演绎的理论。《精神现象学》的无辜的读者大多会惊异于最高思辨理念与法国大革命和拿破仑时代的现实政治经验之间突然擦出的火花,这其实就是真正辩证法的东西。它关涉到一般的概念与非概念的这一个($\tau\acute{o}\delta\epsilon$ $\tau\iota$)——例如亚里士多德的第一实体($\pi\rho\acute{\omega}\tau\eta$ $o\dot{v}\sigma\acute{\iota}\alpha$),两者是对立的自在者,一种两极之间触碰所点着的永久性炸裂。黑格尔辩证法更感受到特殊的温度,它与生命哲学的平坦不同,例如与狄尔泰那种穿越过诸极端的运动系列不同:发展作为非连续性。但是黑格尔辩证法是在对抗性的社会的经验中产生的,而不是在单纯被认定的思维框架中产生的。不和解的世界时代的历史,不可能是和谐的发展:只有单纯的意识形态,才会否认这个历史的对抗性特征。矛盾,历史之真实的和唯一的本体论,同时也是那种本身单纯地在矛盾中,借助于无以言表的苦难而获得进步的历史的形式法则。320 黑格尔将这进步的历史称为一种"屠宰场"[30];尽管黑格尔的历史乐观主义广为引证(叔本华卑鄙地这样命名),但黑格尔哲学的纤维,即所有存在者,由于其走向自身同时又扬弃和毁灭自身,对此的意识离叔本华的"唯一的思想"(einem Gedanke)根本就没有多远,并不像官方哲学史重复叔本华的谩骂那样。

黑格尔的学说,即作为"规定了的否定"的思想只适应于,满载其对象的沉重,而不是立即将其喷射出去;现在这个学说当然在服务于存在者的辩解方面,服务于存在者的辩护。这种思想只有将与它相抵牾的东西都吸纳入自身时才变成真理,这种思想同时也不得不将这些抵牾的东西本身解释为思想、理念和真理的引诱。黑格尔的那种理论,最近也被卢卡奇(Georg Lukács)[31]所引用,并不仅仅是为了贬低那些偏离经验现实的文献,进而是为了重提黑格尔那条关于现实之合理性的有争议的命题。按照抽象的和实在的可能性之区分,的确只有本身已然成为现实的东西才是真正可能的。这样的哲学顺应着强大的军队行进。它采取了对一种现实的判断主张,这个现实总是一再地葬送可能异在的东西。但是,我们不能就此出于单纯的思考就作出评判。黑格尔坚持宣扬他的见解,即哲学家在其哲学之中——就如在任何伟大的哲学中那样,不能选择其适合的,也不能反对其憎恨的。这种阴沉的必然性,而不是完整性的理想,产生出黑格尔体系性要求的严肃性和实体性。他的真理隐藏在"迷津"之中,而不在说服力之中。因此,拯救黑格尔——不是革新,而是单纯的拯救更适合他,将他的哲学置于它最痛苦地运作的地方,在那里它的非真理公开地夺走了他的真理。在抽象的和现实的可能性学说这里,或许审美经验是有所帮助的。在关于托马斯·曼(Thomas Mann)晚期小说《受骗的女人》(*Die Betrogene*)的一封 321
信中,他这样写道:

> 如果我没看错的话,肯(Ken)这个角色身上带着一个来自 40 年代末或者 50 年代的美国人的所有特征,而不是第一次世界大战后的那十年……现在人们可以说,这是人物塑造的合法自由,而对年代编排的忠诚的要求则是第二位的了,即使是在精心处理的地方也是这样。但是我想质疑的是,这作为无可置疑地强加于人的证明是否具有完全的力量。如果这部作品在 20 年代出版,是在一战之后而不是在二战之后登上舞台,那么它就有诸多很好的理由——最充分的理由就是,像蒂姆勒(Tümmler)太太这样一个人在今天的确是不可想象的,并且在一个很深的层次上的确存在着这种渴望,即与邻人保持距离,将其魔幻化入史前世界之中,就是那个在《骗子克鲁尔的自白》(Krull)处理过的那种带着特殊铜锈的史前世界。其中,人们借助于这样的年代转换走进了一种义务之中,类似于一段音乐的第一小节,它所缺少的东西直到最后一个音符都不会丢失,这就造成了平衡。我认为这不是对"时间色调"(Zeitkolorit)的外在忠诚的义务,但我的确认为,艺术作品召唤起

来的画面同时也发出历史画面的光辉,这当然是这样一种义务,从审美—内在的动机上来说,它是很难被那种外在义务所免除的。如果我并没有解读错,人们就会碰到这种悖论性的事实内涵,这种画面的召唤,也就是艺术对象中的神秘之物,它越是完美,就越是真正的现实。人们几乎可以相信,主观的渗透并不简单地处于实在论要求的对立面——并不是我们的教育和历史试图让我们相信的那样;这种实在论要求在托马斯·曼的整个作品(oeuvre)中从头到尾都能听到,它应该是,人们越是精确地坚持历史性事物,即使是人类的历史性事物,那么他坚持的就越是精神化的,即获得意象(imago)中的世界。就这种不当的反思,我首先想到的是普鲁斯特(Proust),他在这个层面上作出了一场准确的反应,而且在《受骗的女人》这里我又不得不进行这样的反思。眼下在我看来,似乎应该通过这样一种精确性来洗脱罪孽,这个罪孽是任何艺术性小说都在徒劳地苦苦忍受着的;好像这种小说应该以精确的想象作为自愈的手段似的。㉜

322

类似的东西隐藏在黑格尔的那条原理后面。即使在艺术作品中,在这种借助于其本身的形式性法则,就从本质上区别于所有单纯定在的艺术作品中,这种形式法则的填充、它自身的本质性、着重意义上的"可能性"都依赖于现实性的尺度,即它在何种程度上可被融化,并以一种改变之后的造型被感知。即使是固执于在现实面前一再地被克服的可能性的那种思想,也单纯地维持着这种现实,因为它从现实化的视点出发,将这种可能性理解为一种现实性的可能性;理解为某种现实性伸出其触角的东西,无论这种感知是多么微弱;而不是理解为某种已经好好地呆在那里的东西,它的声响也是因为其毁坏而预先发出来的。这就是黑格尔哲学在诸多层次上的真理内涵,在那些地方,例如在《历史哲学》以及尤其是《法哲学原理》的"序言"中,他顺从现实,显得幸灾乐祸地为现实辩护,并嘲笑这个世界的改革者。黑格尔最为反动的要素,根本不是自由主义—进步的要素,为后来社会主义对抽象乌托邦的批判提供了基础,当然后来又在社会主义本身的历史上一再地为不断翻新的压迫提供了借口。在今天的东部地区,超越那种在实践概念之名下运作的东西的顽固直接性的任何思想,通常都要被诋毁,而这种诋毁就是对此的戏剧性证明。只是在黑格尔的动机被误用,将意识形态的外衣披在持续恐惧身上的地方,人们不能让黑格尔来承担这个责任。辩证的真理自身暴露出了这样一种误用:它的本质就是易碎的。

尽管如此,黑格尔对存在者的辩护的非真理性,还是不能否认的;这种非真理性在那个时代被黑格尔左派反抗过,并在那时就变得荒谬了。比起黑格尔的其他学说,其关于现实之物的合理性的学说,显得似乎与现实的经验更加矛盾,包括这个现实的所谓伟大的趋势。但是它与黑格尔的唯心主义是一体的。一种哲学,对它来说,所有存在的东西作为其运动的结果和作为这个运动的整体,都融入了精神;它就在宏观上宣告了主体与客体的同一性,而在单个事物中它则激发了它的非同一性——一种这样的哲学将会辩护性地站在存在者一边,这个存在者本身应该与精神是一体的。但是,正如现实之物的合理性命题被现实所否定一样,同一性哲学的观念也同样以哲学的方式崩溃。主体与客体之间的差异是不能在理论中被消灭的,正如其在对现实的经验中迄今为止未得弥合一样。如果与精神的张力相对立——这种精神在黑格尔那里对现实物的把握上展示出前所未有的强度,将黑格尔之后的哲学史陈述为这种把握着和构成着的力量的弱化和放弃,那么通向那里的这个过程便是不可逆转。它不仅仅应该费劲地描述精神的短促呼吸、遗忘和糟糕地复兴的天真性。在其中起作用的,是好的和令人惊叹的黑格尔的东西,同时也是事物本身逻辑中的东西。即使黑格尔也被证明是适合那样一条哲学命题的,即一个东西的毁灭,就是其本身得到公正的对待;作为源始资产阶级的思想家,黑格尔受阿那克西曼德(Anaximander)的源始资产阶级格言的引领。* 理性在对实现物的把握上变得无力,并不单纯是因为其本身的无力,而是因为现实物并不是理

323

---

* 阿那克西曼德(约公元前 611—前 546)是古希腊米利都学派的哲学家,主张世界的本源是"无限者"。而有限万物的此消彼长乃是由于其在时间秩序中的"不公正",所以一个事物消失,对它来说倒是公正的。——译者注

性。从康德到黑格尔的过程中，它的有说服力的证明进行完毕，但是这个过程并没有结束；或许是因为，那有说服力的东西，那逻辑严格性本身的统治，就其与康德式断裂相对立来说乃是非真理。如果黑格尔借助于他的康德批判，扩展超出了批判哲学思维关于形式领域的伟大思想，那么他就已经一道变出了最高的批判性因素，即对总体性，对最终给出的无限者的批判。但是他接下来自负地清除了这个障碍，即对意识来说不可溶解的东西（对此康德的先验哲学有着最内在的经验），并且他又借助于它们之间的断裂调解出一种无断裂的知识一致性，这种一致性吸取了神秘幻觉中的某种东西。有条件之物与绝对者之间的差别被他放弃掉了，他又授予有条件之物以无条件者的假象。借此，他就最终对他赖以维持生命的经验做了不当处理。与他的哲学的经验权利一并消逝的是它的知识力量。借助于整体来炸开特殊事物的要求变得非法，因为那个整体并不像《精神现象学》中那条著名的命题所希望的那样是真实的，因为对那个整体的肯定性和自明性的关涉，似乎像人们曾经确信的那样，是虚假的。

324

这个批判虽然不容缓和，但其本身却不应该是对黑格尔的结论。在黑格尔与经验照面的地方，包括在经验驱动着他的哲学的地方，经验是由他而被说出来的。如果说他的哲学所发展出的那个主体—客体，不是和解的绝对精神的体系，那么精神所经验到的世界就是一个体系。"体系"之名所指的是，市民社会中所有部分因素和部分行动通过交换原则而冰冷地联合为一个整体，这个名称比"生活"更准确地表述非理性，即便是"生活"更加适合于世界的非理性，更加适合于这个非理性与一种自我意识的人性之合理兴趣间的不可和解。只是那种联合为总体的理性本身是非理性，是否定物的总体性。"整体是不真实的"，并不单纯是因为关于总体的命题本身是非真理，还是因为已经膨胀为绝对者的原则乃是统治。一种实证性的观念，相信能够通过把握性精神的大力强制，克服所有与其对抗的东西，镜像般地标示出大力强制的经验，即通过将所有存在者联合在统治之下而寓于这些存在者之中的那种强制。这就是黑格尔的非真理中真实的东西。推动黑格尔哲学的整体的力量,并非精神的单纯想象,而是那种现实的蒙蔽背景,所有单个事物都被定格在其中的那个背景。但是与黑格尔相反,因为哲学规定出整体的否定性,那么它就最后满足了规定了的否定的要求,这种否定应该 是个立场。在所有的因素中将整体公开为非真实之物的光线,无非是这样一个乌托邦,即完整的真理的乌托邦,这个乌托邦应该是有待实现的。

注释

① Martin Heidegger, *Holzwege*, Frankfurt am Main 1950,S. 166.中译参见海德格尔:《林中路》(修订本),孙周兴译,上海译文出版社 2008 年版,第 166 页。

② a.a.O., S. 170.中译参见海德格尔:《林中路》(修订本),第 170 页。译者注:阿多诺将海德格尔"主张"(Anspruch)的内容中的直陈式"ist"改写为第一虚拟式"sei",从而将原文切断,是为了让海德格尔的原话适应其间接引用的语法要求。

③ Hegel, WW 2, S. 613.中译参见黑格尔:《精神现象学》下,贺麟、王玖兴译,商务印书馆 1979 年版,第 268 页。

④ a.a.O., S. 78.中译参见黑格尔:《精神现象学》上,第 60 页。

⑤ Vgl. Text S. 258.

⑥ Hegel, WW 9, S. 58.中译参见黑格尔:《自然哲学》,梁志学、薛华、钱广华、沈真译,商务印书馆 1980 年版,第 28 页。

⑦ WW 15, S. 174.中译参见黑格尔:《宗教哲学讲演录》Ⅰ,燕宏远、张国良译,人民出版社 2015 年版,第 115 页。

⑧ WW 19, S. 283.中译参见黑格尔:《哲学史讲演录》第四卷,贺麟、王太庆译,商务印书馆 1978 年版,第 21 页。

⑨ WW 8, S. 50.中译参见黑格尔:《小逻辑》,贺麟译,商务印书馆 1980 年版,第 46 页。

⑩ a.a.O., S. 172.中译参见黑格尔:《小逻辑》,第 160 页。

⑪ a.a.O., S. 181.中译参见黑格尔:《小逻辑》,第 168 页。

⑫ 例如参见 WW 8, §213, S. 423 f。中译参见黑格尔:《小逻辑》,第 397—400 页。

⑬ WW 1, S. 54 f.中译参见黑格尔:《费希特与谢林哲学体系的差别》,宋祖良、程志民译,杨一之校,商务印书馆 1994 年版,第 16—17 页。

⑭ WW 12, S. 207.黑格尔:《美学》第一卷,朱光潜译,商务印书馆 1979 年版,第 191 页。

⑮ WW 17, S. 69.黑格尔:《哲学史讲演录》第一卷,贺麟、王太庆译,商务印书

馆 1959 年版,第 43 页。

⑯ WW 8,S. 57.中译参见黑格尔:《小逻辑》,第 53 页。

⑰ Vgl.WW19,S. 606.黑格尔:《哲学史讲演录》第四卷,贺麟、王太庆译,商务印书馆 1978 年版,第 302 页。

⑱ WW 3,S. 125.

⑲ WW 18,S. 341.黑格尔:《哲学史讲演录》第二卷,贺麟、王太庆译,商务印书馆 1959 年版,第 308 页。

⑳ WW 8,S. 47.中译参见黑格尔:《小逻辑》,第 43 页。

㉑ Immanuel Kant,*Kritik der reinen Vernunft*,Vorrede zur zweiten Auflage,zitiert nach der Insel-Ausgabe 1922,S. 24.中译参见康德:《纯粹理性批判》,邓晓芒译,人民出版社 2004 年版,第 22 页。

㉒ Hegel,WW 8,S. 36.中译参见黑格尔:《小逻辑》,第 36 页。

㉓ Vgl. WW 2,S. 46 ff.中译参见黑格尔:《精神现象学》上,第 34 页。

㉔ Friedrich Nietsche,Aus der Zeit der Morgenröthe und der fröhlichen Wissenschaft 1880—1882,*Gesammelte Werke*,Musarionsausgabe,Elfter Band,München 1924,S. 22.

㉕ Hegel,WW 8,S. 220.中译参见黑格尔:《小逻辑》,第 204 页。

㉖ a.a.O.,S. 173.中译参见黑格尔:《小逻辑》,第 160—161 页。

㉗ Hegel,WW 16,S. 309.中译参见黑格尔:《宗教哲学讲演录》Ⅱ,第 222 页。

㉘ Hegel,WW 8,S. 423.中译参见黑格尔:《小逻辑》,第 398 页。

㉙ WW 1,S. 527.

㉚ Vgl. WW 11,S. 49.

㉛ Vgl. Georg Lukács,*Wider den mißverstandenen Realismus*,Hamburg 1958;und dazu Theodor W. Adorno,Erpreßte Versoehnung,in:*Noten zur Literatur* Ⅱ,Frankfurt 1961,S. 152 ff.

㉜ Theodor W. Adorno,Aus einem Brief über die »Betrogene« an Thomas Mann,in:*Akzente*,Jahrgang 1955,Heft 3,S. 286 f.

晦涩，或者该如何阅读黑格尔

除了喃喃细语，我别无他物。

——鲁道夫·博尔夏特 * 326

对黑格尔的伟大体系性著作，尤其是《逻辑学》的理解，其面对的阻力在质上要区别于其他声名狼藉的文本所造成的困难。通过对文句的准确研究和思考的努力去确定一种毫无疑问现成的意义，这个任务并不简单。毋宁说，在很多方面，意义本身就是不确切的，并且至今没有任何阐释学的技艺将其毫无问题地建立起来；反正没有什么"黑格尔语文学"（Hegel-Philologie），不存在任何充分的文本批评。叔本华为反对所谓连篇废话而作的长篇空论，尽管包含着种种小心眼和无名愤恨，但正如小孩之于皇帝的新装，他至少以否定的方式说出了对事物的某种关系，而在此对文化的尊重和对出丑的害怕都唯恐避之不及。在伟大哲学的领域中，黑格尔的确是唯一的一个，我们不能直接从字面知道，不能简明地决定，其谈论的到底是什么。在黑格尔这里，这样一种决定的可能性本身就是没有文字支持的。例如，原则上说的话就是《大逻辑》第二编中的根据范畴与因果性范畴之间的差别；就具体细节说，就是这本书第一章中的一些句子："本质中的变，即本质的反思运动，是一

---

* 博尔夏特（Rudolf Borchardt，1877—1945），德国保守派作家、翻译家，其理念在于写作乃是语言本身言说的通道，而作家的工作乃是谦逊地服务于语言。阿多诺在《文学笔记》中讨论过博尔夏特的作品。——译者注

种从虚无到虚无并从而返回自身本身的运动。过渡或变在其过渡中便扬弃了自身；在这过渡中变的他物，不是一个存在之非存在，而是一个虚无之虚无，后者必定是一个虚无的否定，却构成了存在。——存在仅仅作为虚无到虚无的运动，这样它就是本质；本质并不在自身中具有这个运动，而就是这个运动，作为绝对的映像本身，即纯否定性，在它以外没有什么东西可以否定它，而它只否定其否定物本身，那个否定物是只在这种否定中才存在的。"①这在早期黑格尔那里已经有相似的表述了，甚至是在作为哲学纲领的非常一目了然的"差别论文"中。在关于思辨与健康的人类知性的关系一节的结尾处，论文是这样说的："当对健康人类知性来说，只出现了思辨所从事的消灭方面时，对它来说，这种消灭也还并没有在它的整个范围内出现。如果它能控制整个范围，那么，它就不会把思辨看作自己的对手了。因为思辨在自己对意识物与无意识物所做的最高的综合中，也要求意识本身的消灭。因此，理性使自己对绝对同一性的反思，使自己的知识，使自己本身都沉入理性自己的深渊之中。在这个单纯反思与找理由的知性的黑夜里（这个黑夜是生命的中午），两者能够相遇。"②只有一个热情的研讨班参加者的准确而富有创造性的想象，才会毫不费力地阐明那最后一句话，它采自荷尔德林在同一年最为光辉的散文："单纯反思的黑夜"应该是为了单纯反思的黑夜，但是生命，它与正午结合在一起，它是思辨；因为思辨这个黑格尔式的概念所指的，也就是从他的术语框架中敲击出来的，无非还是那被塞到里面去的生命③；这其中就是思辨哲学——包括叔本华的哲学——与音乐之间像兄弟姐妹般的密切关系。这个地方可以通过对黑格尔的整体框架的知识来解释，尤其是这一章中的概念建构，但不是仅仅从段落的字面上来解读。如果谁固执于此并失望而归，因为这道鸿沟拒绝去理解黑格尔，那么对他的最好回应莫过于，黑格尔已在那本著作中将普遍物的不可及性斥责为单纯反思着的知性——用他的术语说。不是浮光掠影地划过诸多处理对象尚不确定的段落，而应该是从黑格尔哲学的内涵出发导出它的结构。悬而未决的特征与黑格尔哲学如影随形，这跟以下学说是一致的，即真理不应该在任何单个的命题中，不应该在有限制的实证表述中去把握。黑格尔的哲学形式与这个意图是相适合的。没有什么东西能够孤立地得到理解，所有的都只能在整体中被理解，对此的一个尴尬的限定条件是，整体反过来只能在单个因素中获得其生命。的确，辩证法的这种双重性让文学的阐释溜走了：因为后者一清二楚地证明一清二楚的东西，所以它必然是有限的。因此人们才不得不在解释黑格尔的时候对它作出如此多的让步。黑格尔哲学在原则上不能将整体与它部分的统一性一下子完成，这变成了它暴露出的弱点。黑格尔哲学的任何单个命题都证明自身不适合于黑格尔哲学，这一点也被形式表达了出来，因为这形式不能够完全对等地把握住任何内容。否则，黑格尔哲学就不会受概念匮乏和可错性所困扰了，而这些是内容教给我们的。因此，对黑格尔的理解就自身拆卸为诸多互相中介同时又相互矛盾着的因素。黑格尔抗拒那种对其整体意图根本不信任的人。这个意图首先应该从黑格尔对历史性哲学以及他本人那个时代的批判中推断出来。人们必须记住，虽然也仅仅是暂时性地记住，黑格尔当时是什么意思；人们似乎必须反向地阐释他。黑格尔在客观上要求多重阅读，当然并不单纯是为了让阅读者习惯其所探讨的事物。当然如果人们将所有东西都树立在这一点上，那么又可能再一次曲解黑格尔。接下来人们很容易产生出对至今为止的阐释最为有害的事情，即对体系的一种空洞意识，这与其最初的意图不相统一，因为体系并非想要形成与其因素对立的抽象的总括性概念，而只是通过具体因素的道路而获得它的真理。

　　从以上单薄的理解出发，可引导出对黑格尔本人的一种本质性的东西。应该成为整体及其结果的东西：主体—客体的建构，那个关于真理本质上应该是主体的提示，事实上已经被每一个辩证的步骤设为前提了，按照黑格尔自身的学说，存在的范畴已经自在地被概念学说最终揭示为自在自为的东西了。他在体系——大《百科全书》——中最公开地说出："目的的优先性在于当实现目的时，那被利用来作为手段的材 ³²⁹

71

料，只是外在地从属于目的的实现，成为遵循目的的工具。但事实上客体就是潜在的概念，当概念作为目的，实现其自身于客体时，这也不过是客体自身的内在性质的显现罢了。这样看来，客观性好像只是一个外壳，这里面却隐藏着概念。在有限事物的范围内，我们不能看见或体察出目的是真正达到了的。无限目的的实现这一看法的好处只在于去掉一种错觉：即人们总以为目的好像老没有实现似的。善，绝对的善，永恒地在世界上完成其自身，其结果是，善或至善用不着等待我们去实现它，它就已经自在并自为地在世界上实现自身了。我们总是生活在这种错觉中，但这种错觉同时也是一种推进力量，而我们对这世界的兴趣即建筑在这种力量上面。理念在它发展的过程里，自己造成这种错觉，并建立一个对立者以反对之，但理念的行动却在于扬弃这种错觉。只有由于这种错误，真理才会出现。而且在这一事实里面包含真理与错误，无限性与有限性的和解。扬弃了的错误或异在，本身即是达到真理的一个必然的环节，因为真理作为真理，只是由于它自身造成它自己的结果。"④这与《精神现象学》的"导论"中那种沉浸于事物及其因素的做法是相对立的。这里的操作不像现象学想要的那样具体。孤立的因素恰恰只有因此而超出自身，即因为主体与客体的同一性已经被预先思考了。诸多单个分析的重大意义，往往一再地被整体的抽象第一性所破坏。但是大多数的评注作者，包括麦克塔格尔特（McTaggarts）都不同意这点⑤，因为他们都将自身交托给了整体的第一性。意图被采取到行动中，思想的方向趋势的取向被认作它的正确性；那么接下来的详细阐述就是多余的了。黑格尔本人对那种不充分的操作也不是没有责任。这个操作追寻着最微弱的抵抗的线索，往往比在一张地图上找到思想中的门路更加容易，而在思想的贯彻中追踪其充分合法性则更难。所以黑格尔本人有时会疲惫，满足于形式性的指明、命题，即在某物必须被实现为什么的地方，某物才应该是什么。在一种应该做的阐释的诸种任务中，将这些段落与事物被实际思考的那些地方区分开，并非最微不足道和最简单的事情。或许，与康德相比较的话，图型的要素在黑格尔这里显得更不重要。但是，对于纯粹旁观的纲领来说，体系常常是突然间挤进游行队伍之中。如果整体不是毫无希望地被卷入了其中的话，那么这就是不可避免的。为了阻止这种情况，黑格尔有时也卖弄点学究气，而这并不适宜于对动词定义以及类似的东西以一种蔑视的态度来进行判断。在《法哲学原理》中市民社会向国家过渡的环节，人们会看到：

> 这一理念的概念只能作为精神，作为认识自己的东西和现实的东西而存在，因为它是它本身的客观化，和通过它各个环节的形式的一种运动。因此它是：**第一**. 直接的或自然的伦理精神——家庭。这种实体性向前推移，丧失了它的统一，进行分裂，而达于相对性的观点，于是就成为 **第二**. 市民社会，这是各个成员作为独立的单个人的联合，因而也就是在形式普遍性的联合，这种联合是通过成员的需要，通过保障人身和财产的法律制度，和通过维护他们特殊利益和公共利益的外部秩序而建立起来的。这个外部国家
> **第三**. 在实体性的普遍物中，致力于这种普遍物的公共生活所具有的目的和实现中，即在国家制度中，返回于自身，并在其中统一起来。⑥

从内容上说，动力—辩证的和保守—肯定的因素的要素安排，不仅仅可以在法哲学中规定着所有生成物和特殊事物那固执的一般性的溢出，它也是这样被规定的：黑格尔的逻辑学不单纯是他的形而上学，而且也是他的政治学。阅读黑格尔的技巧是必须要注意到，新东西，内容性的东西是在何处开始介入进来的，在什么地方，一架机器不愿意再作为一架机器，不能再继续运转了，但它却还在继续运转着。值得注意的是，在任何一个时刻都有两条似乎不相统一的准则：细致入微地专注和自由自在地疏远。对此并不是缺少补救。在健康的人类知性看来是疯狂 331的东西，在黑格尔哲学中也有其澄明的因素。从这些因素出发，健康的人类知性才可以靠近黑格尔，即它并非出于憎恨而禁止疯狂的东西，正如黑格尔本人在"差别论文"⑦中将它诊断为人类知性天生遗传的一样。即使是晦涩难懂的章节也有探讨假象的文句，它们也要补充说明，

主观唯心主义和现象主义所指的是论战性的东西:"这样,映像便是怀疑论的现象,或者说唯心论的现象也是这样一个直接性,它既非某物,也非事物,总之不会是在其规定性和对主体的关系以外那样一个漠不相关的有。"⑧

谁若是在黑格尔这些贯彻实现了的思考面前退缩到总体观念之上,以细节在体系中的地位价值的规定来代替单个事物的一目了然,那么他已然取消了严格的理解,缴械投降了,因为黑格尔根本就不应该被严格地理解。在黑格尔被强烈拒绝的地方——首先是在实证主义中,我们今天其实几乎不再理解他了。人们将黑格尔作为意义空洞的哲学推至一旁,而不是对其进行批判。对缺乏明白性的这种旧指责来说,意义空洞是个风度优雅的说法。谁若不能以确凿无疑的方式陈述黑格尔在说什么,那么就没必要浪费这个时间了。明白性这个概念,类似于与它相关联的动词定义所渴望的东西,在哲学中存活了下来;它一度发源于哲学,并脱离了哲学。这个概念被独断地保存在单一科学之中,而后者又回过头来将它运用到哲学之上,尽管哲学早就批判性地反思过它,并因此必定不会毫无挣扎地顺从着它的意志。笛卡尔式的,到康德那里还成对出现的明白性概念和清晰性概念,早在笛卡尔的《哲学原理》中就已经得到详细的探讨了:"史上诚然有许多人,终其一身亦不曾以合于适当判断的途径来认知任何事物。因为我们要想建立确定不移的判断,则我们所依靠的知识不仅要明白,而且还要清晰。所谓明白的对象,就是明显地呈现于能注意它的那个心灵的对象,就如一些对象如果呈现于观察它们的那个眼睛前面,以充分的力量来刺激它,而且眼睛也处于观察它们的适当的位置,那么我们可以说自己是明白地看到了那些对象。至于所谓清晰的对象,则是界限分明与其他一切对象厘然各别,而其中只包含明白内容的一个对象。"⑨这些在历史上影响深远的文句,在认识论上并非毫无问题,正如健康的人类知性在当时和在今天的处境一样。笛卡尔将它们作为术语设置提出来:"我将明白的知觉称之为……的知觉"(claram voco illam ... perceptionem)。他为了理解的目的而定义明白性和清晰性。知识本身按照其本身性状来说是否满足这两条标准，仍然是没有结论的。也就是说，这也是为了方法起见。*
现象学的认知行动本身就避开了笛卡尔的学说，似乎它应该处理一种
数学公理体系，而不考虑其本身的结构。但是这种数学理想也在内容
上定义着这两个方法论规范。笛卡尔知道要阐明它们无非是借助于与
感性世界的比较："我们正如在这种意义上说明明白白地看到一些事
物：一旦让目光朝向它们，它们就会以相当强烈和明显的方式触及心
灵"（sicut ea clare a nobis videri dicimus，quae，oculo intuenti praesenti-
tia，satis fortiter et aperte illum movent）⑩。正是在关于明白性的讨论 333
中，笛卡尔满足于一个单纯的比喻，即"正如"（sicut），这个比喻必然会
偏离他所应该解释的东西，并且因此毋宁说是任何其他东西而绝不是
明白的东西，这个比喻是不应该被假定下来的。他必定是从感性确定
性中引出了明白性理想，在那里上演的是对眼睛的讨论。但是它的基
底（Substrat），感性的空间世界，即广延，在笛卡尔那里也就是人所共知
地与几何学对象相等同的东西，完全缺乏动力。由于对这种观念的不
满意，导致了莱布尼茨关于无限连续性的理论，这个连续性被从模糊和
迷惑性的表象到明白的表象的过程所引领，康德将这个观念接受下来
以反对笛卡尔："清晰性并不像逻辑学家们所说的是对一个表象的意

---

* 一种明白性的历史哲学必须反思，按照其起源说，被直观到的神性物的属性与其
显现方式同时也是基督教和犹太教神秘主义那闪耀着的灵晕（Aura）。借助于不
可阻挡的世俗化，就由此产生了一种方法论上的东西，被提升为知识的绝对模式。
这些知识只满足其游戏规则，而全然不顾这个理想发源于何处，它涉及什么，也不
考虑知识的内容。明白性就是对某物整体的充分主观意识的实体化了的形式。
对意识来说，它变成了拜物教。它在对象上的对等物驱逐对象本身，最终获得的
乃是先验意义上的对象；后来的哲学就应该"追求最终的明白性"。"启蒙运动"这
个词可以说标志着那个发展过程的制高点。它的增强（Depotenzierung）的确是与
如下这点相互关联着的，即对明白性的原始图像的回忆，仍然预设着它的激情的
光亮，自此之后就熄灭了。青春艺术风格（Jugendstil）——浪漫主义与实证主义在
这里悖论性地平分秋色，将明白性的双重特征回顾性地表达为简明的词句；雅克
布森（Jacobsen）的一句格言这样写道："阳光普照大地/正是这，是我们想要的。"如
果说胡塞尔探讨的是"明白性的诸阶段"，那么它就是无意识地使用了青春艺术风
格的寺庙区，即世俗的上帝领域中的一个隐喻。[译者注："青春艺术风格（Ju-
gendstil）是1900年前后西方的一种艺术创作方向，名称来源于自1896年在慕尼
黑出版的画报《青春》，其主要表现在工艺美术、房屋的建筑和内部装潢、绘画和雕
塑等方面。安恩·雅各布森（Arne Jacobsen，1902—1971）是其代表人物之一。]

识;因为意识的某种程度对于回想起它来说是不充分的,但它本身是必定能在某些模糊的表象中见到的,因为缺乏一切意识则我们在结合那些模糊表象时就会作不出任何区别了,但这一点却是我们拼接某些概念的特征而有能力做到的(如正义和公平概念那样,又如音乐家当他即兴同时演奏出多个音符时那样)。相反,在一个表象中,意识对于这个表象与其他表象的区别的意识来说是充分的,这个表象就是清晰的。"这就是笛卡尔意义上的清晰性,正如它在《谈谈方法》中所说,它并不保障真理。康德又继续写道,"如果意识对于区别来说是充分的,但对于区别的意识来说却是不充分的,那么该表象就仍然必须被称之为模糊的。所以意识有一直到消逝的无限多的程度。"[11]与莱布尼茨一样,康德并不旨在让观念的最高级别失去价值。但是这个最高的观念作为明白性却为科学主义的知识概念所操控,似乎它在任何时候都是可任意支配的自在者,好像在笛卡尔之后的时代并没有被证明为实体(Hypostase)似的。明白性的理想要求知识从历史意义上的理性主义方式去裁剪和构型其先天的对象,好像这对象必须是静止—数学的对象似的。只有这样来预先设定,即那个对象本身应该是固着在主体之上的那类对象,正如目光中的几何图形那样直接,只有这样明白性的规范才334 直截了当地有效。借助于知识的普遍性主张,对象就被预定了,而这知识,以经院哲学和笛卡尔哲学对相等(adaequatio)的最简单的理解,正是必须指向这个对象的。所有知识的明白性只有在这种情况下才是可能被要求的,即事物与任何动力了无关系,因为这动力会将它从坚持确凿无疑的目光那里移开。一旦一贯性的思想揭示出,它的哲学思维所关涉的东西,并不仅仅是认知者乘坐一辆汽车开过去,而且是其自身内在地被推动的,并由此摆脱与笛卡尔的"res extensa",即空间性广延最后的相似性,那么明白性所要求的东西,就是双重可疑的。与这个洞见相关的是,主体也不是像照相机那样矗立在一台三脚架上,而是借助于其与被推动到它之中的对象的关联而自身运动——这是黑格尔《精神现象学》的核心学说。与此相反,对明白性和清晰性的简单要求就变得过时了;在辩证法中,传统范畴就不能完整地保存了,而是辩证法穿透了每一个范畴并改造了其内在的组合体。

尽管如此，知识的实践仍然借助于明白与不明白的简单区分而依赖于仅仅适合于静止的主体与客体的尺度；这或许是出于对单一科学的分工运作有意的过分热心，这些科学非反思地预先确定了其对象，并独断地让知识与对象的关系标准化。明白性与清晰性将一种对物的物化意识模式化了。事实上，笛卡尔在一个早期关于物的明白性理想的讨论中（也贯穿着他体系的精神）这样质朴而实在地（naiv-realistisch）说过，"我发现，'我想，所以我是'这个命题之所以使我确信自己说的是真理，无非是由于我十分清楚地见到：必须是，才能想。因此我认为可以一般地规定：凡是我十分清楚、极其分明地理解的，都是真的。不过，要确切指出哪些东西是我们清楚地理解的，我认为多少有点困难。"⑫在笛卡尔记录下的这种困难中：确切地指出，哪些东西是我们清楚地理解的，会触动那依稀的回忆，即在主体的认知行为中，客体本身根本不会毫无保留地适应那个要求。否则，知识的明白性和清晰性，它的真理属性就不可能又引起困难了。但是如果我们一旦承认，明白性和清晰性不是给予性的单纯特征，本身并不是一种被给予的东西，那么关于知识的尊严就不再能够按照如下标准去寻找了，即它呈现的东西作为单个的知识在多大程度上是明白和清晰的。一旦意识不将它固定为物化的知识，就像可以拍摄下来理解的那样，那么它就会陷入与笛卡尔的哲学雄心的必然矛盾之中。物化意识将对象凝固为自在存在，从而它们就变成一种为他的存在，为科学和实践所支配的存在。或许人们不能将明白性的要求大而化之地置之不理，哲学不应该沉溺于迷惑，并毁掉其自身的可能性。就此当作何解救，那应该就是强行要求，表述要准确符合被表达的事物，即使是这个事物本身与一种明白地表述的流行观点是相冲突的。这其中哲学也可能面对一种悖论：不明白的东西，没有固定轮廓的东西，不对物化唯命是从的东西，要将它们明白地说出来，那么就是要将脱离固定视线或者全然不可及的那些因素以最高的清晰性标示出来。但是这并不是单纯形式性的要求，而是哲学所追求的内涵的一部分。这个要求之所以是悖论，是因为语言与物化过程是纠缠在一起

335

77

的。但是系动词"Ist"的形式,就已经追踪到那种要修订哲学的激烈批评的意图;在这个意义上,所有哲学的语言都以其自身的不可能性为标记,是一种与语言相反的语言。如下延迟的态度仍是远远不够的:明白性的要求并不立即生效,而且也不对孤立事物有效,但是它将通过整体而获得,正如体系哲学家黑格尔可能希望的那样,但这并不是承诺的完全兑现。其实,哲学已经撤销了那个要求,但是将它融进规定了的否定之中了。哲学就其自身的事情来说,必须要做的就在这陈述之中;具体而言,它所不能说的,还是在谋求解释明白性本身的内在边界。对此哲学更好的做法是说出,它打消了这个期望,即在任何时刻、任何概念和任何命题中都完全满足这个要求,而不是在单一科学的成果的恐吓之下,向它们借来一条必定使哲学破产的规范。哲学与这种东西相关,它并不在一种思想和对象的预先给定的秩序中占有其位置,就像理性主义天真地以为的那样,它也不应该单纯地模仿那种秩序以作为其坐标体系。在明白性的规范中,古老的模仿实在论在知识批判中为自己构筑堡垒,而全不关心这个批判本身的结果。它仅仅允许这个信仰,即任何对象都是能够被毫无问题地、毫无争议地反映的。但是哲学必须反思对象性、规定性和要求的满足(Erfüllung),正如它也必须反思语言以及其与事物之间的关系。只要它永远都要努力冲破意识和事物的物化,它不能顺从物化了的意识的游戏规则而不毁灭自身,另外它也不能简单地蔑视那种游戏规则,如果它不想蜕变为牙牙呓语的话。维特根斯坦的名言:"一个人对于不能谈的事情就应当沉默"⑬,在其中实证主义的极端渐渐演变成了令人尊敬的—权威本真性的习惯,并且因此产生一种知识分子的群众热情(Massensuggestion),这句名言简直就是反哲学的。任何哲学都允许被定义为一种努力,即说出人们不能说的东西;帮助表达出那非同一物,尽管这表达总是要将它同一化。黑格尔尝试这么做。因为根本不可能直接地说出,因为任何直接之物都是虚假的,并且因此在表达中必定是不明白的,所以他才不知疲倦地以中介的方式来言说它。也正因如此,他呼唤那仍然很成问题的总体性。以不可抗拒的数学化形式逻辑之名出现的哲学,先天地戒除和否认了哲学

336

本身的概念,否认了哲学想要的东西,以及这个不可能性的建构作用;从这个不可能性出发,维特根斯坦和他的追随者们已经制造出了一条关于哲学的理性的禁忌,它也许会毁掉理性本身。 337

少有拟定一种哲学明白性的理论,取而代之的则是将其概念作为自明的概念加以使用。* 在黑格尔这里,这在任何地方都是不能被主题化的;在大多数情况下是以相反的方式(e contrario)发生,如当他在为赫拉克利特(Heraclitus)辩护的时候:"但是这个哲学之所以晦涩,主要由于在它里面表现了一个深奥的、思辨的思想;这个思想对于理智永远是艰深的、晦涩的,反之对于理智,数学倒是很容易的。概念、理念对于理智则是格格不入的,是不能为它所把握的。"⑭——与理性相反。不是从字面上说,而是从其意义上说,胡塞尔的《观念》探讨的是这个因匮乏而被期望的东西;在那里精确性概念或许应该等同于传统的明白性概念。他将这个概念预留给以数学方式定义的杂多性(Mannigfaltigkeiten)⑮,并且追问他本人的现象学方法作为一门"体验的'几何学'"⑯是否必须或者是否能够被建构:"我们因此在这里必须寻找一种确定的公理系统,并在其上建立一个演绎系统吗?"⑰他的答案所及超出了那种方法。他注意到,关于演绎理论从一个确定的公理体系出发推演出来的可能性,并不可能是以方法论的方式被发现的,而只能是从内容中发现的。这牵涉所谓概念构成的精确性,在胡塞尔看来它涉及演绎理论的条件。它"绝不是一个自由选择和逻辑技巧的问题,而是在仍然必定在直接直观中可显示的所谓公理概念方面,假定着被把握的本质本身中的精确性。但是在什么程度上我们可以发现一个本质领域 338

---

* 最近的或许是怀特海在其《观念的冒险》(New York,Macmillan,1932)中的形而上学思辨。他说,明白性和清晰性,只有在"主体"被设定为严格等同于"认知者",以及"客体"严格等同于"被认知者"的时候才存在:"没有哪个论题比经验的主体—客体结构得到的解释更多,这些解释都是哲学家们从各自倾向出发做出的。首先,这个结构已被等同于认知者和被认知者之间的赤裸的关系。这个主体是认知者,而客体则是被认知者。因此,借助于这个阐释,客体—主体关系就是被认知者—认知者的关系。从而,这种关系的任何事例在鉴别力面前越是明白,那么就越是能够安全地将其运用在对普遍事物中经验状态的阐释之上。所以笛卡尔才诉诸明白性和清晰性。"(p.225)

中的'精确'本质呢？而且是否可以在一种现实的直观中被把握的一切本质里，并也在一切本质组成成分里发现一种精确的本质基础结构呢？这是一个完全依赖于该领域的特殊性质的问题。"⑱在接下来的一段中，胡塞尔区分了描述科学和精确科学，并对描述科学进行如下判断："这种概念的模糊性，它们的应用范围富于流动性，都并非它们的缺欠；因为在它们被使用的知识范围内，它们是绝对必不可少的概念，或者说在那些范围内它们是唯一合法的概念。如果要对在其直观所与的本质特性中的物的直观所与物给与适当的概念表达，这就正好意味着应把这些物的直观所与物当作是自行所与的。它们正是作为流动物自行所与的，而典型的本质只能通过直接分析的本质直观在它们之内被把握。最完善的几何学和最完善的对几何学的实际掌握，不可能有助于进行描述的自然科学家去直接表达（以精确的几何学概念），他以简单的、可理解的和完全适当的方式用'齿形的''凹形的''透镜形的''伞形的'诸词所表示的东西——这些简单概念在本质上而非偶然地是不精确的，并因而也是非数学的。"⑲在胡塞尔看来，哲学概念之区分于精确科学概念而为流动的概念，乃是由于它所要努力破解的东西的本性。这同时也给胡塞尔的洞见强加了一个限制。他容忍着采取固定与流动之间的反思哲学的分裂，而黑格尔辩证法则将这二者规定为向来在自身中就被他者中介了的。逻辑学家胡塞尔通常在一个合唱团里乐意跟别人协调一致，而黑格尔却因为其对矛盾命题的批判而对别人指手画脚；但是逻辑学家胡塞尔所承认的，对黑格尔本人也有效；黑格尔想比胡塞尔更加有力地构成概念，以让事物的生命自身在其中呈现，而不是按照明白性的抽象知识理想来呈现："他完完全全沉浸入事物之中，他看起来只是从这个事物出发，因这个事物之故，而几乎不是出于听众自己的精神而发展出这个事物来；并且，事物也仅仅是由他一人所引起，一种对明白性的近乎父亲般的操心，缓和了僵硬的严肃性，这种严肃性可能已经让人拒绝接受如此艰深的思想了。"⑳

339　　对明白性的要求在语言上与自身纠缠，因为语言其实并不允许明白性这个词本身——在这个方面明白性的理想也趋同于数学的理想，而明白性在语言上同时就在这个范围内取决于思想对客观性的态度，即仅仅毫无保留地说出真实的东西。表达的完全透明性不仅仅依赖于这个表达与被表象的事态之间的关系，而且也依赖于判断的说服力。如果它是毫无根据或者是错误的推论，那么它便阻止了适当的表述；如果它没有完全掌握事物，那么它就是事物模糊不清的对立面。语言本身并不是真实之物的索引，却是虚假之物的索引。但是，如果黑格尔的判决，即没有任何个别命题能够在哲学上为真，在他本人的著作之外仍保持效力，那么每一个命题就必须要面对语言学上的不充分性。用黑格尔的术语说——先不考虑黑格尔自己的语言学实践，他那被无休止地指责的不明白性可能不是单纯的弱点，而是校正特殊事物的非真理性的推动力，这种非真理性自己承认是单个事物的不明白性。

最为适应于这个困境的应该是一种哲学语言，这种语言要求一种不与明白性相混淆的可理解性。语言，作为事物的表达，并没有走入交往，没有发生在与他人的分享中。但是它也不是简单地独立于交往——黑格尔也意识到了这一点。否则它与事物的关系也就都从任何批判中遗漏掉，并矮化为了任意的非分要求。作为表达的语言与作为分享信息的语言两者相互交织。命名事物的能力同时也构成了一种传达它的强制力，并把这强制力保存下来；反过来说，它不能分享任何回头看来不是它的意图的东西。这样一种辩证法在其自身的媒介中所发生的，并不是蔑视人类的社会热情的原罪，即观察到，不可交流的东西，的确也不能被思考。最无可指责的语言操作，也不能取消**自在**与**为他** 340之间的对抗。如果说，在文学作品中或许这种对抗是在文外之义中得以实现，那么哲学就持续地努力将其包容在内。在这个历史时刻事情尤其变得困难，其中交往为市场所统治——语言学理论被交往理论所替代就是其征兆，并给语言施加了这样的负担，即为了反抗实证主义所谓"日常语言"的一致性，不得不宣布取消交往。比起通过一种交往让事物变得畸形，并阻止交流关于事物的信息，语言宁愿自身变得不可理解。但是理论家在语言上的费心碰上了一种边界，这是他们必须要重视的，如果他们不是出于忠诚抑或不忠诚而想要对自身进行阴谋破坏的话。任何语言都须臾不可缺少的普遍性因素,都无条件地伤害了对特殊事物的完全的事实规定性,这个事物正是它想要去规定的。对此具有矫正作用的是努力获得可理解性,尽管这种努力是得不到认可的。这种可理解性保持为纯粹语言客观性的对立一极。只有处于两者的这个紧张关系中,表达的真理才能繁茂生长。但是这个紧张关系并不是一种与明白性的模糊和粗暴的命令之间的紧张关系,这种命令大多数情况下会导致人们必须像所有人终归要谈论的那样去谈论,而且导致放弃言说可能不一样的东西,以及只能以其他的方式说出的东西。明白性的戒律徒劳地要求语言——不间断地、此时此地、直接地——说出某种在它的词和句的直接性中无法保存,而只是以足够碎片性的方式保存在其要素安排中的东西。一种操作可能是更好的,它精心地避免将动词定义作为单纯的固定,尽可能忠实地将这些概念在语言中所说的东西模型化:近乎专名(Namen)。后来的、"质料性"的《精神现象学》对此无论如何都是一所预备学校。在此,语言的感知能力之走向简明性的努力,远比走向机械的、曾经一度是被命令的定义更应该得到强有力的坚持;谁若是成为自己语词的奴隶,谁就很容易将语词推到事物的面前,而不

341 是像他所可能想象的那么难。尽管如此,那种操作也是不充分的。因为语词在经验语言中并不是纯粹的名称,而往往是 θέσει,是主体意识的产品,并且在这个意义上它本身也是类定义的(definitionsähnlich)。谁若跳过这一点,由于他从固定的相对性那里夺取了这些产品,他就将它们交托给了第二种相对性,即其所思考事物的任意性剩余。相反,哲学语言就没有任何校正,除了深思熟虑地使用那些语词,即通过其位值(Stel-lenwert)缓解那种任意性;那些语词如果是在字面上作为专名来使用的话,必定是要失败的。语言上的要素组成与对单个词汇所必需的聚精会神的关注之间是相互补充的。它们一道强行达成了一个折衷的意见一致,打开事物与理解之间的一个粘性的层面。一种适当的语言操作与此应该有可比性,即正如一个移民学习一门外语那样。他或许会是在压力之下急躁地阅读,仅仅达到其可理解的程度即可,而很少使用词典(Diktionär)。在此有大量的词汇尽管在上下文中得到了解释,但

是仍然严密地被围绕在不确定性的庭院里，容忍着可笑的混淆，直到它们填满它们出现于其中的那些组合，才完全澄清这些混淆，并且比词典允许的话要更好，因为在词典中同义词的选取已经要遵守所有限制性和词典编纂学中的语言非差异性了。

黑格尔文本之所以不可驾驭，一个并非不重要的原因是，他在对客观精神的过分信任中相信，他可以在没有陌生物的这种添加发生的情况下，以他曾说过的方式说出不可说的东西。尽管如此，在他那里一并出现的诸多要素，如概念、判断和推理，并不是不可理解的。只是它们都超出了自身，按照自身的理念来说它们不能作为单个的东西来理解，否则就像哲学之外的语言的片段，不能够就其自身而知道这一点那样。在这个方面，理解哲学，甚至理解黑格尔哲学这个任务，就必须走向反抗流行的明白性规范：应该思考所指物，即使不是其所有蕴含都表象得明白和清晰（clare et distincte）的情况下。从科学的角度来看，一个 342 非理性之物作为一个因素走进了哲学的合理性本身，并且就这个哲学来说，它应该吸收这个非理性因素，却并不因此委身于非理性主义。辩证法的方法总体来说是这样一个尝试，即完成这个苛刻的要求，因为它是从瞬间的魔法中被解放出来并在恢宏的思想构架中得以展开的。哲学的经验不能缺少事例性的证据，不能缺少在不可磨灭的模糊性视野中的"它是如此"（So ist es）；但是如果谁在阅读黑格尔《逻辑学》中某个思想沉重的位置时脑子里没有闪现出这类证据，有谁没有注意到，其所指的是什么，即使这个对象还没完全被表达出来，那么他就不能理解黑格尔，就像一个沉醉于模模糊糊的哲学感觉的人一样。明白性的狂热分子可能会将这个闪光扑灭。哲学是应该立即付现款的；它的参与者在结算表中会按照一种劳动消费的模型来评估，这个模型必须有一个平衡的工资。但是哲学却是对等同原则的抗议，在其中即便是非资产阶级的哲学，也是资产阶级的。谁若向哲学索要相等物——"为什么我会对此感兴趣呢？"，他就骗取了它的生活命脉，骗取了精神经验中连续性与间断性之间的和谐。

将哲学规定为因素的组合，在质上是区别于组合中任何因素的单义性的,因为因素组合本身多于它的诸因素的总概念,也是不同于这诸多因素之总和的另一种东西。星丛不是体系,不能调停,所有因素都不是融入星丛之中,但是一个因素照亮另一个因素,而且将诸多单个因素一道构成的形象,就是确定的符号和可读的著作。黑格尔对语言的陈述方式表现得各自为政且不瞻前顾后(souverän-gleichgültig),在他这里以上这一切都还没有表达清楚,无论如何还没有进入其本人语言形式的化学反应之中。这种语言形式因为过于简单地信任总体性,而缺少来自批判的自我意识的那种尖锐性,这种尖锐性在与对必然不相等之物的反思联合在一起时,才将辩证法用语言表达出来。这将是致命的,因为它的这些表述既不愿意也不可能是封闭的,但是这些表述反复听起来好像就是如此。黑格尔的语言具有这个学说的姿态。准口头报告相对于书写文本的主体地位造成了这种姿态。辩证法之中无法清除的模糊性后来变成了黑格尔哲学的缺陷,因为他并没有在语言上掺入解毒剂,而事实上他的哲学在对所有类型的对象化的强调和最终的赞扬中,并不吝啬于此。他似乎最喜欢以传统哲学的方式来写作,而几乎没有注意到并以语言的方式表达出他的哲学与传统理论之间的差别。黑格尔的诚实的阐释者必须将这个缺陷计算在内。黑格尔错失的东西,或将是阐释者的功绩所在;尽可能简明扼要地确立起来,以阐述出辩证运动的那种逻辑严格性,而这个辩证运动却又不安分于这种简明扼要之中。黑格尔不符合本来就成问题的这条语文学规范,即明确作者在主观上所指的意义——可能没有谁比黑格尔更不符合这条规范的了。因为黑格尔的那种与事物不可脱离的方法想要推动事物,而非提出他本人的思考。他的文本因此并不完全是精雕细刻的——这或许必然是个性化的,因为甚至它的精神媒介也不是像人们在此后一百五十年间所期待的那样理所当然。有人曾经向别人指出一些关键词,一些入口,就像在音乐领域一样。这种先天的交往,接下来在《逻辑学》中就变成了一种非交往文本的酵母,并将这文本封闭起来。

　　对所谓的黑格尔式的不明白性最广为传播的反对,乃是对其多义性的反对;甚至宇伯威格(Überweg)的哲学史也重复了这种反对。[21] 对此的证据简直密密麻麻。主观逻辑部分的开头就是这么说的："什么是概念的本性，很难直接指明，正如任何一个其他对象的概念很难直接提出那样。……现在概念固然不仅被看作主观的前提，而且是绝对的基础，但除了概念把自身造成是基础而外，它就不能够是基础。抽象的直接物固然是一个最初的东西；但它作为这样抽象的东西，毕竟是一个有中介的东西，假如要就其真理去把握它，便必须首先从这个有终结的东西那里去寻找它的基础。这个基础诚然必须是一个直接物，但其所以如此，是因为它由于扬弃了中介而使自身成了直接物。"[22] 概念之概念毫无疑问在两次之中是被有区别地使用了。一次是强调其作为"绝对基础"，因此是客观的、事物本身意义上的使用，它本质上是绝对精神；但是概念不应该只是这个意思，而同时是"主观的前提"，是造作之物，思维将它的他者都归纳入其下。这个词汇表是让人迷惑的，因为即使是在第二种情况下，也不像人们期待的那样选用复数，而是单数，或许是因为，以下情况在原则上乃是属于黑格尔的概念之概念的，即它乃是主体综合的结果，正如其表达出了事物本身一样。在与许多其他黑格尔式的模糊性相区别中，这个理解就变得容易了，因为在"概念通论"这一章中，区分概念的概念成为主题。但是对这种模糊性的辩护，黑格尔是在稍后的几页提供的，在那里他提出了概念的两个概念之统一："我这里只限于一个注解，它对了解此处所阐释的概念，可能有所补益，并且使其较易于各得其所。当概念成长为本身自由那样的一个存在时，它便不外是自我或纯粹自我意识。自我诚然具有概念，这就是说，具有某些概念；但自我又是纯概念本身，这个纯概念是作为达到了实有那样的概念。"[23] 客观的概念，在黑格尔看来就是事物本身的概念，这个概念生长为其实存，成为自在的存在者，按照黑格尔体系的普遍性命题则本身同时也是主体性。因此，概念作为一种主体构成物的唯名论方面，与将概念作为自在存在的唯实论方面最终重合了，这个自在存在在《逻辑学》本身的中介过程中又应该被证明是主体，是自我。这个结构对于反对模糊性的无创见的指责来说是示范性的。在黑格尔被形式性地指责为模糊的地方，处理的大部分都是内容性的论点，都是在阐释，两个相互区分的要素既是有区别的，又是统一的。超越黑格尔的反驳几乎没有触及这一点的。这种反驳将同一性原则作为基础：术语必须被固定于在一次定义中给予它的含义之上。这是一种毫不动摇的唯名论；概念无非应该是一种标志着杂多的同一性的识别标志。概念的形成越是主观，那么人们就越不应该在它身上纠缠，否则就公开了其为一个外在东西，一个单纯被制作的东西的事实。健康的人类知性将这一点合理化，其理由是对定义的亵渎将会在思想中破坏秩序。对此的反抗，其影响是不可否认的，因为它是建立在这样一个观念之上的，即它并不想知道关于客体的任何东西，由此就想否认主观精神强加给客体的任何东西。这种观念强烈地反抗那想要将事物本身说出来的经验；或许是出于这样的预感，即在那种经验面前，那自身显得确凿无疑的真理概念将会招供它的非真理性。唯名论属于资产阶级的母岩（Urgestein），并且在极为不同的阶段，在极为不同的国家都伴随着城市关系的稳固化。这些关系的自我矛盾都已经沉淀到唯名论之中了。唯名论的贡献是，将意识从概念权威的压迫下解放出来，这个概念奠定了先前的普遍性的基础，因为它将概念祛魅，使之成为掩盖在其下单一性的单纯缩写。但是，这样一种启蒙向来同时也是它的对立面：特殊事物的独立化。就唯名论唤醒资产阶级而言，即所有的都是令人怀疑的单纯幻象，它们阻止孤立的个人追求他们的快乐，阻止未经反思地去捕猎他们的利益。不应该存在这样的普遍物性，它揭开了特殊事物的眼罩，它消除这种信仰，即偶然性应该是特殊事物的法则。"什么已经是概念了？"——这个姿态总是同时也表达出了单个的人必须去挣钱，而这比其他的什么事情都重要。* 如果概念是独立的，即它并不将自身仅仅限于它由之组成的诸单一性之内，那么资产阶级的个体性原则就从其深刻的内部被撼动了。但是这得到了如此心怀恶意的辩护，好像它本身就是假象似的；通过单个兴趣，坏的普遍物实现了自身，而这个坏的普遍物从趋势上反

---

* 个人的唯利是图是资产阶级个体原则的表现。按照唯名论的主张，概念不过是事物单一性的缩写，而概念的必然性形式支持着资产阶级的个人主义。——译者注

过来又埋葬了这些单个的兴趣。这种假象被极力握住，因为否则被蒙
蔽的人们就不会更加毫无争议地继续下去，他们也不会再相信"向来我
属"（Jemeinigkeit）的形上学，相信占有的神圣性了。从这个视角看，个
体性就是占有了其自身的主体。反意识形态的唯名论从一开始就是意
识形态。黑格尔的《逻辑学》曾想要借助于它的手段，它那在社会上并
非一目了然的手段提出这种辩证法，而一道被提出的还有这个意识形
态的残余，即对于自由派来说，在单个个人中以及他们之上占统治地位
的普遍者被美化为肯定的东西。只有这样一种意识形态的转向，允许
黑格尔将普遍与特殊的社会辩证法中立化为逻辑的辩证法。概念，在
黑格尔那里应该就是现实本身，由于其被宣布为现实而仍然保持为概
念。但是对黑格尔来说，概念的尺度就像在柏拉图那里一样，乃是事物
本身的要求，而不是主体的定义活动。因此，他停止用概念的同一性作
为真理的标准。但只是这种标准将黑格尔的概念贬低为模糊性，即为
了其自身的内涵之故而改变了它的意指。

　　尽管如此，黑格尔并不是简单地废除了同一性原则，而是对其进行
了限制；同时尊重和蔑视它的本性。只有借助于这条原则，也就是被概
念所表达出来的事物的生命与一度被固定的意指相比照，并且将旧的
意指作为无效的来反对，才能构成概念的另一种意指。另一方面，黑格
尔就像非哲学语言那样不假思索地处理他的词汇和词组：视场合的需
要。在这样的词汇中有些意指层面是保持稳定的，这些词汇还在上下
文中接收到了其他层面的意指。哲学的语言在这个范围内是在效仿朴
素的语言，即它怀疑科学语言，它通过背景去融化定义体系的固执性。
在黑格尔那里，这样一种场合性的模糊性与那种过分频繁地使用的"直
接"这样的表述一道出现。在这些地方黑格尔想说，中介应该是在事物
自身之中的，并非存在于更多的事物之间，他经常是为了间接物而使用
"直接"的：一个范畴应该直接是它自身的对立面，例如，它在其自身之
中就是它的对立面，而非通过关涉一个它之外的东西才是它的对立面。
"于是排斥的反思之建立肯定物而排斥他物是这样的，即：这种建立在
排斥他物时，直接就建立了它的他物。上述的这种情况是肯定物的绝

对矛盾,而这个矛盾也直接是否定物的绝对矛盾,建立肯定物和否定物两者的,是一个反思。"㉔ 照此,中介本身就是直接的,因为被设定之物、被中介之物并不是什么与第一者不同的东西,因为第一者本身也应该是被设定的。类似的更加明确的表述出现在后面的一个注释中:"无中介的形式的同一,正如它在这里还没有事情本身富有内容的运动而被建立起来那样,是极为值得注意的。它在事情里出现,正当事情在其开始之时。这样,纯有就直接是无。"㉕ "直接"在这里听起来就是单纯悖论性的;但是其所指的是,虚无不应该是从外部添加到纯粹存在之上的范畴,而相反的是,作为全然无规定的纯粹存在,其本身自在地就是虚无。对黑格尔语言的透彻的术语学分析,可能会完全地记录下这种模糊性并大概会弄清楚它。它肯定也会致力于研究如反思这样的合成词(Kunstwort)。按照后康德的唯心主义中流行的区分,反思这个词覆盖了有限的、受限制的知性使用,再广义一些的话,就是实证主义—科学主义态度的总体;但是,即使在《逻辑学》的宏伟建筑中,"反思规定"却是对客观上第一个、准亚里士多德的范畴学说的批判性反思,这个范畴学说本身接下来反而被转化为假象性的,并被引向着重意义上的概念之概念。——或者在严肃的意义上说,模糊性是这样的:哲学的人工手段,思想的辩证法想通过它以语言的方式实现自身,有时借助一些强制性的、被海德格尔预见到的趋势,即将语言的事实内涵与其所指的东西相对立地独立起来,当然没有像海德格尔那样强调,因此也就更加清白无罪(unschuldiger)。早在《精神现象学》中,黑格尔就在要弄"回忆"的意义:"因为精神的完成在于充满地知道它是什么,知道它的实体,所以

348

这种知识就是它的深入自身过程,在这一过程里它抛弃了它的现时存在(Dasein)并把它的形态交付给回忆。精神在深入自身时曾经沉陷在它的自我意识的黑夜里,不过它的消逝了的定在是保存在这个黑夜里的;而这个被扬弃了的定在——先前有过的然而又是从知识中新产生出来的定在——是新的定在,是一个新的世界和一个新的精神形态。精神在这里必须无拘无束地从这种新的精神形态的直接性重新开始,并再次从直接性开始成长壮大起来,仿佛一切过去的东西对于它来说

都已经丧失殆尽，而且似乎它从以前各个精神的经验中什么也没有学习到。但是，回忆（Erinnerung）把经验保存下来了，并且回忆是内在本质，而且事实上是实体的更高的形式。因此，虽然这个精神看起来仿佛只是从自己出发，再次从头开始它的教养，可是它同时也是从一个更高的阶段开始。"㉖ 最陈旧的功能性的模糊性是"扬弃"（aufheben）的模糊性；即使在微妙的情况下，这种技艺也能发现秘密的语词游戏；黑格尔尤其会借助于虚无的概念来耍一些花招。这些语言形象不应该从字面上来对待，它们是反讽的，是恶作剧。黑格尔一点都不动声色，就通过语言的意义自足的无理要求证明了其罪责。在这样的段落中，语言的功能不是辩解性的，而是批判性的。它不承认有限判断，这种判断在其特殊性中表现得好像它客观上就拥有绝对真理似的，而且不能做点什么来反对它。模糊性想要借助于逻辑手段，将静止逻辑与它在自身内部所中介的东西之间的不相称，作为存在和发生着的事物呈现出来。逻辑之反而转向自身，乃是这类模糊性的辩证法之盐。——当前对模糊性的理解不应该不假思索地被接受。将模糊性制作出来的语义学分析，是必要的，但却不是充分地为哲学做语言说明的条件。谁若不能区分开术语的意指的内在性和相关的超越性，那么他的确就不能理解哲学；在逻辑上说就是，一个思考是否保持在定理的前提之内，即对它有效还是无效；在认识论上说，就是一个思想是否从意识的内在性出发，是否从主体内部的所谓给予物的背景出发；在形而上学上说，就是知识是否保持在可能经验的界限之内。但是，为不同的种类（γένη）选取相同的词汇，本身在当前的术语表中就不是偶然的。"超验"在认识论和形而上学上的意指是联为一体的；认识论上的绝对超验物，康德的自在之物，也就是不能在所谓意识之流中得到认证的东西，在形而上学的意义上也应该是超验的。黑格尔将这点提升为一个命题，即逻辑与形而上学应该是一回事。早在前辩证法的逻辑学中，模糊性所掩饰的不是绝对的差异性，而是同时产生了差异物的同一性。对这些差异物的启蒙，同样需要洞见到那种统一性，也需要对这些差异物做标记。在传统的术语表及其历史中，一种事实情况违逆着它们的意愿贯

349

89

彻下来,而辩证的哲学就是要帮助我们意识到这种单纯的事实情况。黑格尔的模糊性就靠着这一点维持生命,尽管在他那里偶尔也会为了无差别的等同性之故而荒废差别的因素。

尽管有这样一些疏忽,在黑格尔的著作中还是存在着零散的关于语言的极度夸张的表述。语言"对于精神来说……是其较为完善的表现形式"㉗,的确"是人类中间的最高权力"㉘。即使《逻辑学》也不缺少这些内容。《逻辑学》探讨的是"沟通的要素":"在物质界中,水具有这种媒介的功用;在精神界中,当这样一个关系的类似的东西见于精神时,那就一般地要看作是符号,更确切地要看作是语言。"㉙ 在《精神现象学》的学说中已经存在同样的趋势,按照现象学的观念,语言属于教养的阶段,在那里"自我意识的自为存在着的个别性作为个别性才获得特定存在,这样,这种个体性才是为他的存在"㉚。据此,似乎黑格尔足够令人惊奇地将语言的位置指派给了《逻辑学》第三卷,没有将其请进客观精神的领域,而本质上是作为"媒介"或者"为他",被理解为主体意识内容的承担者,而非理念的表达。他的体系并不缺少唯名论特征,这个体系反击流行的二分法,并把与它相反的东西吸收到自身之中,它的要旨与这种徒劳的努力相冲突,即要撤回对概念独立性的批判。就黑格尔的注意力转向语言来看——这个洪堡(Humboldt)的同时代人对语言关注得如此之少,着实引人注目,他宁愿将语言视为用当今的概念说的那种交往手段,而非真理的那种显现,就像艺术那样,艺术对他来说必须有严格的意义。他对充满高明的和断然的表述的反感,就与这点相和谐了;他还不友好地评判自身异化的精神的、单纯教化的"机智的语言"㉛。德国人长久以来就以这种方式对伏尔泰和狄德罗作出反应。在黑格尔的哲学中,已经潜伏着对一种语言自我反思的学术憎恨,这种反思离中庸的一致意见还很远;他在风格上的漠不关心唤起了他的致命的准备,即通过反思之反思去造成与前批判意识的共同的东西,通过非朴素性去加强对朴素事物的顺从。他几乎不能希望语言的对立面来反对这种一致意见,这或许是因为他自身的语言经验或者语言经验的缺乏都已然沉淀于其中了。他的语言实践遵循着一种口头语言对书写语言的优先性的谨慎的古代观念，正如固执于其方言的人所关心的那样。最初源于霍克海默并被多次重复的评论，即只有能说施瓦本方言的人才能正确理解黑格尔，并不是什么关于语言学特性的单纯概要（aperçu），而是对黑格尔的语言姿态本身的描述。黑格尔并没有止步于对语言学表达的蔑视，他不以专业的方式写作，不在意表达——这只是到了大学体系崩溃的时代人们才习以为常，而是将（即使是无意识的）其与语言的怀疑论式的、无约束的即兴关系提升为风格化原则。他是被一种困境逼到这一步的。他不信任专制的、似乎有统治力的语言表达，并且被迫用特殊的语言形式来表述其思辨的、超出日常语言之健康的人类知性的特有哲学本质。他的答案虽不引人注目，但的确是激 351 进的。作为对教育语言的表达清晰的词汇本身的蔑视者，黑格尔不是听任哲学通行行话（Allerweltsjargon）为一种预先给予的、唠唠叨叨的东西，而是悖论性地对固定化原则发起挑战，离开这个原则，语言的东西根本就是不能存在的。正如人们在今天谈论的反—物质（Anti-Materie）一样，黑格尔的文本乃是反文本。极端的抽象化，即其绝大多数文本实现和要求的极度抽象化，涉及客观化的、从经验着的主体的直接性中解放出来的思维的极度紧张，但是他的著作其实不是著作，而是记录下来的讲演；更多的是单纯的回响，它们即使被印刷出来也不打算说服别人。这种反常的行为，例如他仅仅编辑出版了他著作的一小部分；而主要的部分，包括其整个体系的详细形态，都仅仅存在于听众的笔记本中，或者呈现为纲要性的草稿，而这些只是通过笔记才得以完全具体化。——这样的特征对黑格尔哲学来说是固有的。黑格尔终其一生都是一个亚里士多德主义者，因为他想要将所有现象都化约为其形式。他甚至借助于学院讲座的偶然性来进行这种操作。他的文本是这些讲座的柏拉图式的理念。一种如此无尺度要求的思想已然取消了，给出对其自身的规定和定义，这就只能从其陈述理想，从对陈述的否定来解释了。同时，在这些口头上（而不是书写的）最为显白的报告的松散材料中，应该去试图矫正那种终结性和有限性的东西的傲慢，就这一点在黑格尔在世的时候人们就已经在指责他的著作了。这个外表举止，绝不只是诸体系部分所特有,这些部分仅仅是作为帮助记忆的东西而存在的,并且他根本没有将它们出版过,或者仅仅是压缩出版过;显然,他毋宁说随着岁月的流逝而强化了这个外表举止。人们可能出于压力还会将《精神现象学》视为一本书,但是《逻辑学》就再也不是了。对《逻辑学》的阅读让人想起了霍托在其柏林时期对讲师黑格尔的描述:"他坐在那里无精打采、愁眉苦脸,他的头与身体似乎要坍塌到一起,他翻着讲稿,总是在讲课的时候在那长长的材料笔记本中去寻找,前前后后,上上下下;持续不断的清嗓子和咳嗽会影响演讲的流畅性,每一个句子都单独地伫立在那里,很费劲地被说出来,然而还是被拆解开,混作一团;每一个词,每一个音节都令人反感地被拆解开,以用施瓦本地区流行的方言中那金属般的嗓音,使得每一个最重要的内容都接收到一个令人惊奇的彻底强调……流利的口才是以对对象的深思熟虑和胸有成竹为前提的,而形式上的熟巧却能够以最优雅的方式喋喋不休地在半生不熟和肤浅的事物上继续滑行。但是这个人,却不得不从事物最深刻的基础上提出最强有力的思想,并且如果这些思想要活生生地产生作用,那么它们就必须在总是活生生的当前重新产生自身,尽管它们经过了常年反复的琢磨和修订。"③② 这个讲演者反抗语言那种硬化的自在,而在这个过程中他就好像一头撞进了砖墙里。这个意图的纪念碑是《逻辑学》第一编第一章的开头,"有、纯有,——没有任何更进一步的规定"③③,这是一个前后结构不一致的句子,正如借助于一种黑贝尔(Hebelscher)式的狡猾来努力摆脱这种困窘*,即"未规定的直接性",但它还只是被包裹在一种述谓命题的形式之中,例如"存在是最普遍的概念,没有任何更进一步的规定",由此本身已经感受到一种规定了,而这个命题又由于这个规定而自相矛盾。如果人们对这个技巧提出异议,即纯粹名词的严格意义是不可理解的,完全不去处理它的矛盾,因为只有命题才能够是矛盾的,而不单纯是概念,那么黑格尔会狡

---

* "黑贝尔式的"在此应该指黑格尔同时代的作家约翰·彼得·黑贝尔(Johann Peter Hebel, 1760—1826),他擅长以短小的句子写作。——译者注

猾地赞同：反对意见已经将第一个反题推向第一个正题，他会作出解释，即这样的存在应该就是虚无。但是在这样的诡辩中，一种同一性哲学不惜一切代价，甚至不择手段，借助于第一个词就想维持住最后一个词，因为它要最终掌握正确——这可不仅仅是装糊涂。辩证法对语言的这种反抗根本不可能以不同于语言的方式直接说出来。因此，这种反抗就仍然被判定为无力的悖论，并将这种困窘造就成美德。

　　353

　　霍托的描述使得这一洞见暴露出来，这个洞见直达黑格尔文学形式的中心位置。这个形式是尼采的准则的鲜明对立面，他说人们只能写人们完成了的东西，人们弃之于身后的东西。如果黑格尔的哲学内涵是过程，那么这个哲学就会将自身作为过程表达出来，处于永恒的即将出现的状态（status nascendi），对陈述的否定作为一种流动的东西，只有这个被陈述的东西本身就是流动的，那个后者才会与前者相符合。用一个时代错位的比较来说，黑格尔的著作毋宁说是思想的电影，而不是思想的文本。正如一双未受训练的眼睛根本无法像看一张固定的图画那样捕捉到一部电影的细节，黑格尔著作的情况也是这样的。而黑格尔著作之特别让人望而却步的原因，就应该到这里去寻找；而正是在这些地方，黑格尔退到他的辩证内容的后面。出于其简单的前后一贯性，这个内容需要一种反命题的陈述。单个因素必须以语言的方式如此清晰地被衬托出来，如此负责任地表达出来，以至于主体的思维过程和他的偏好是与它们相脱离的。而相反，陈述无反抗地适应这个过程的结构，所以思辨概念对传统逻辑的批判必须为这个逻辑所付出的代价就太小了。黑格尔并没有适当地处理好这一点。如果说对语言层面缺乏感受性可能承担总体责任的话；那么在美学中某些材料的粗制滥造就会引起怀疑。但似乎有一种思维的敌视语言的冲动，它将任何一种单个特定物的限制都理解为一种语言的限制，这种冲动如此之深，以至于修辞学家黑格尔为此牺牲了客观化的优先性，这种优先性是客观化在其整个著作（œuvre）中从内容上主张的东西。黑格尔这个对所有反思进行反思的人，并未对语言进行反思：在语言中，黑格尔显得漠不关心，而这与他所说的并不一致。他的著作努力在陈述中变得与内

涵直接相似。其显著特征躲到了一种模仿式的语言、一种手势或者曲
线文字的后面,很少与对理性隆重的要求相矛盾,这种理性主张是黑格
尔从康德以及启蒙运动那里继承下来的。与此相类似的是方言,甚至
是包含着不可翻译的"Ha no"的施瓦本方言,是那种戒除了标准语言的
手势语言的宝库。被成熟时期黑格尔所蔑视的浪漫主义——这的确是
他本人的思辨酵母,想要找黑格尔复仇,因为正是浪漫主义以其本身语
言的那种大众化口吻侵占了黑格尔的语言。抽象地流动,黑格尔的风
格,类似于荷尔德林的抽象概念,呈现出一种音乐性的质,而这正是冷
静的浪漫主义者谢林所缺少的。有时候黑格尔也表示对反命题的小品
词(例如"但是")的使用是出于单纯连接的目的:"因为形式在绝对物中
现在只是单纯的自身同一,所以绝对物并不规定自身;因为规定是一个
形式区别,它最初被当作区别本身。但因为绝对物同时又包含一切区
别和一般的形式规定,或说因为它本身是绝对的形式和反思,所以内容
的差异也必须在它之中出现。但绝对物本身是绝对的同一;当自在之
有的和显现的世界、或内在的和外在的总体的一切多样性都在绝对物
中扬弃了的时候,这种情况就是绝对物的规定。"[34] 或许黑格尔的风格
与通常的哲学理解是对立的,但是他通过他的缺点酝酿了另一种东西:
人们必须通过如下方法来阅读黑格尔,即记录下精神运动的弧线,好像
用思辨的耳朵参与思想的表演,好像那就是乐谱一样。如果哲学与艺术
在整体上是结盟的,那是因为它想要在概念的媒介中将被压制的模仿
(Mimesis)[35] 拯救出来,在此黑格尔的操作就像亚历山大解开戈尔迪乌
姆之结(gordischen Knoten)* 那样。他冲淡单个的概念,操纵它们,好像
它们就是其所指向的东西的无图像的图像似的。从而就出现了绝对精
神哲学中歌德式的以荒谬为基地的命题(Bodensatz des Absurden)。** 它

---

* 戈尔迪乌姆之结是西方传说中难以解开的绳结,传说解开者便可当亚细亚之王,
此结最终被亚历山大一剑劈开,这个故事用隐喻表示以非常规方法解决不可解决
之问题。——译者注

** 这里应指歌德克服荒谬而达到生命统一的想法。歌德认为人的灵魂中,尤其伟大
人物的灵魂中有精灵(Daimon)在起作用,但这是超出知性和理性能力的,我们也
可说它是矛盾和荒谬的。——译者注

借以超出概念的东西，在个别物中往往将其驱使到概念之下。只有这种读者才是尊重黑格尔的，他们不将这些指责为他的单纯的毫无问题的弱点，而是在其中感受到他的冲击力；理解为什么这点那点必定是不可理解的，并由此而理解它们本身。

黑格尔对其读者有一个双重期望，这个期望非常符合于辩证法的本质本身。黑格尔希望读者应该随波一起逐流，而不是必须做瞬间的停留。否则他就会改变它，尽管他是怀着最大的忠诚，并且就是由于这个忠诚而去改变它。但是另一方面，读者应该形成一种理智的慢镜头，在模糊不清的地方将速度降下来，不是将这些位置蒸发掉，而是将其作为被推动者纳入眼帘而去把握。这两种操作向来几乎不能被同一种阅读的行动所分享到。读者的阅读必须被拆卸为对立的两部分，在内涵自身也是如此。马克思主义的表述，即哲学过渡到了历史，已经在某种意义上是对黑格尔的刻画。*因为在黑格尔那里，哲学已经变成了对概念运动的观看和描述，《精神现象学》就虚拟地起草了它的历史编纂学。黑格尔仿佛是仓促地尝试将陈述模式化；这样进行哲学思考，就好像人们在书写历史一样，通过思想模式将体系的和历史的统一性强行塞入辩证法之中。在这个视角下，黑格尔哲学在明白性（clarté）上所缺乏的东西，是这个插入的历史维度所造成的。在陈述中隐藏着与概念不相通约的经验要素的踪迹。因为它不能为概念纯粹地贯穿，所以它就执拗地反抗明白性的规范，这个规范一开始是清楚的，后来就被忘掉了，这个理想是源于一种体系的理想，它是与所有的经验，包括历史经验相对立的。

355

---

* "对现实的描述会使独立的哲学失去生存环境，能够取而代之的充其量不过是从对人类历史发展的观察中抽象出来的最一般的结果的综合。这些抽象本身离开了现实历史就没有任何价值。它们只能对整理历史资料提供某些方便，指出历史资料的各个层次间的连贯性。"（Marx-Engels, *Die deutsche Ideologie*, Berlin 1953, S. 23 f. 中译参见《马克思恩格斯全集》第一版，第三卷，人民出版社 1960 年版，第 31 页。）在这以另一种方式得到更多的强调："我们仅仅知道一门唯一的科学，即历史科学。历史可以从两方面来考察，可以把它划分为自然史和人类史。但这两方面是密切相联的；只要有人存在，自然史和人类史就彼此相互制约。"（*Deutsche Ideologie*, in MEGA, Bd. V, Ⅰ. Abteilung, Berlin 1932, S. 567. 中译参见《马克思恩格斯全集》第一版，第三卷，人民出版社 1960 年版，第 31 页。）

在黑格尔努力将历史的因素整合入逻辑的因素,并反过来将逻辑因素整合进历史的因素的时候,这个努力却转变为对其自身体系的批判。它必须承认那在其自身之中本就是历史性的概念在概念上的不可化约性:按照逻辑体系的标准,历史性的东西无论如何都是干扰性的,都是一个盲点。在《法哲学原理》中,黑格尔很有可能已经看到了这一点,当然他因此否认了他的一个核心意图,并选择了历史和体系因素的传统分裂:

> 对于各种法律规定在时间上的出现和发展加以考察,这是一种纯历史的研究。这种研究以及对哲学法律规定的理智的结论加以承认(这种结论是从这些法律规定的既存法律关系的比较中得出),在各自领域中固然都有其功用和价值,但是与哲学上的考察无关,因为基于历史上原因的发展不得与出于概念的发展相混淆,而且历史的说明和论证也不得被扩展而成为具有自在自为地有效的那种论证的意义。这项十分重要而应予坚持的区别,同时也是十分明显的。某种法的规定从各种情况和现行法律制度看来虽然显得完全有根有据而且彼此符合,但仍然可能是绝对不法和不合理的。例如罗马私法中的许多规定就是符合罗马父权和罗马婚姻身分等制度而产生出来的。但是,即使有些法律规定是合法的、合理的,可是指出这些规定具有这种性质——这唯有通过概念才能做到——是一回事,叙述这些规定出现的历史情况或叙述使这些规定得以制定的那些情况、场合、需要和事件,是又一回事。这样地指出和(实用地)认识历史的近因或远因,通常叫做说明,或者宁愿叫做理解,人们以为为了理解法律和法律制度,这样地指出历史上的东西,似乎已经做了有关的一切事情或有关的本质的事情,其实真正本质的东西即事物的概念,他们却完全没有谈到。㉟

在反抗黑格尔的概念运动的非概念物中,非同一性获得了相对于概念的优势。那种最终主张自身是与同一性体系相反的真理的东西,在此本身就成了它的污点,成了不可陈述的东西。对此黑格尔的读者向来有不适的过敏反应。这个复辟的自由主义者违背了一条资产阶级的禁忌。被展示出的东西应该是完成了的、自成一体的东西,或许按照商品交换的习惯,顾客会坚持,他以全价购买到的,应该也要体现出总的劳动量，他支付的是这个劳动量的等价物；如果他所购买的东西还剩下什么需要完成，那他就感觉受骗了。黑格尔哲学不仅是期望其自身，而且也是在一种从质上超越任何惯常接受尺度的意义上期望其读者具有概念的劳动和努力，而这正是黑格尔被指责的地方，好像他并没有付出足够的汗水似的。这条禁忌向下延伸直到市场的那条特殊戒律，即在产品中要清除属人的踪迹，产品应该是一个纯粹的自在者。商品的拜物教特征并不单纯是一块面纱，而且是一道强制的命令。人们注意到，本来属于人的凝固的劳动，却令人厌恶地与人阻隔开来。它的人类气味泄露了，价值是主体与主体之间的关系，而不是附着在物之上的东西之间的关系，正如其被记录下来的那样。占有，市民社会将其精神财富也归入其范畴之下的这个占有，并不是什么绝对的东西。如果这点变得可见，那么最神圣的东西就显得是渎神的了。科学家面对那些他们还没能够作为完全证明而搬回家的定理和思想，倾向于陷入狂怒。对并非外在于黑格尔哲学的概念特征的不适感，被合理化为一种恶毒的主张，即指控黑格尔自己不能完成他期望别人做的事情。图宾根大学的校长古斯塔夫·瑞梅林（Gustav Rümelin）关于黑格尔的著名报道就是这样的。借着不断的廉价讽刺，他问道："你理解吗？概念在你的内部自身运动而又跟你无关？它转化为它的对立面，并由此飞跃到对立面的更高的同一性上？"[37]因此似乎这里涉及的是，这个令人惊叹或者令人鄙视地广为引证的"思辨头脑"在主观上完成了某种特别的空 358
翻，以实现黑格尔本身赋予概念的东西；好像思辨是一种深奥的能力，它并非反思的批判性思考，这种敌对的紧密关系，恰如在康德那里已经存在的知性与理性之间的关系。在这个前提下，要正确地阅读黑格尔，首先似乎是要放弃这样一种根深蒂固的习惯，即否认黑格尔哲学的内容。像哈里发和他的宰相那样，变身为鹳，焦躁不安，徒劳地苦苦思索着"穆塔博"（mutabor）这个词，是没有什么用的。* 黑格尔宣扬的从有

---

* 这源于一个哈里发变成白鹳的伊斯兰童话故事，传说巴格达的哈里发和他的宰相因为对动物界好奇而借助于魔法变成了鹳，但却因为发笑而忘记了变回人形的咒语"穆塔博"，即拉丁语的"我会变"。——译者注

限规定向无限规定转化,既不是主体意识的一种事实状态,也不需要再施加一个特别的行动。对哲学的哲学批判所指的,是与被批判的哲学本身一样理性的。在主观上唯一要求的不是要让自身陷于固执,而是要洞见到诸多动机,就像在康德和费希特那里一样;另外,也没有任何人能深信不疑地将概念的运动理解为自本自根的(sui generis)现实。

但是,阅读黑格尔所需要的这些东西,只有它们通过对细节的不懈执着得到补充,才能得到保护而免于分离。从发生上看,或许是这些细节首先出现;只是在这些细节无法获得范畴形式的地方,读者那种在动力上疏远的行为方式才会对此提出纠正。正是概念与思考(Überlegungen)之间差异性的无可争议的缺乏,即形象力量的缺乏将人们导向了微观逻辑。有时候十九世纪早期那种偏好传奇的读者,也会感到头脑眩晕。诸范畴与整体的关涉性,与它们在其位置上的特殊和有限制的意指之间,几乎没被着重区分过。理念一方面意味着绝对者,意味着主体—客体;而另一方面,它作为这个绝对者的精神现象,反而又不同于这客观的总体性。二者都出现在"主观逻辑"之中。在其中理念有时候是主体—客体:"唯有绝对理念是有,是不消逝的生命,自知的真理并且是全部真理;"㊳ 或者:"但是理念不仅具有真正的有、即概念与实在的统一这种较一般的意义,而且具有主观概念和客观性较确定的意义。"㊴ 黑格尔在这同一部分,即第三部分的另外一个地方将它与客观的总体性作了区分:"于是理念又把自身展示为概念,这概念摆脱了它在客体内沉没于其间的直接性又回到了主观性,与其客观性相区别,但这客观性又同样是由概念规定的,并且它唯有在那个概念中才具有它的实体性……但是这一点还需要更确定地去把握。概念,当它真正达到了它的实在时,它就是这样的绝对判断,其主体作为自身与自身相关的否定的统一,与它的客观性相区别,并且是此客观性的自在和自为之有,但本质上它是通过它自己而与此客观性相关,"㊵ 与此相应的是,"理念的规定性和这个规定性的全过程,现在就构成了逻辑科学的对象,绝对理念自为地从这个过程出现了;但它又自为地显露出自身是这样的,即规定性并不具有一个内容的形态,而是绝对地作为形式及

359

理念按照这一情况说，是绝对地作为普遍的理念。"④ 最终他甚至将两者都运用在同一个论证背景关联之中："正是当理念把自身建立为纯概念及其实在的绝对统一，从而使自身凝聚为有的直接性时，理念便作为这种形式的总体——自然。——但这种规定并不是一个已变成的有和过渡，正如上面所说，主观概念在其总体中将变为客观性，主观目的也将变为生命。规定性或说概念的实在，在纯理念中本身提高到概念，这个纯理念不如说是绝对的得到自由，对于它说来，再没有任何直接的规定不同样又是建立起来的和概念；因此在这种自由中，找不到过渡；理念规定自身为单纯的有，这个有对于理念来说，仍然完全透明的，并且是在其规定中仍然停留于自身的概念。所以在这里不如这样来了解过渡，即，理念自由地解脱自身，对自己绝对有把握，并且在自身中宁静。"④ 正如在黑格尔那里，惰性的实存是被那种合理性的现实之物排除了的，那么理念无论如何就不可避免地是现实性的分离物（χωρίς），在这里这个现实性也是惰性的实存。这样的不相协调，恰恰散布于黑格尔的主要文本中。从而，给出的就是特殊之物与普遍之物之间，与无需此时此地（hic et nunc）兑现的东西之间的分裂；这两者相互纠缠在黑格尔偏爱的语言形象之中。他想避免逃到普遍物之中的危险，所以当在茶会上一个优雅的妇人问他，人们在这里或者那里必须思考什么的时候，他回答道：正是这个。但是这个问题并不像其呈现出来的那样显得愚蠢。这个庸俗的妇人可能已经注意到了，空洞的意识：也就是一个段落在逻辑学的背景关联中所完成的东西，占据了功绩本身的位置，这个功绩仅仅依赖于这个段落究竟是否属于那个背景关联。在此人们必须思考些什么，记录下一种虚假的要求，就其表达出单纯的不理解，或是希望从事物的图解中得到解脱而言——而这些图解作为图解本身就是错误的；但是这些东西又是完全正确的：应该进行单个的分析，对被探讨和涉及的、变形着的事实内涵的阅读必须变得有所斩获，而不单纯是掌握方向指南。黑格尔阐释最常缺乏的是，分析并不是在内容上得以贯彻执行的，而只是单纯地在字面上进行改写。这样的诠注与事物的关系往往就等同于（按照舍勒的幽默表达）路标与实际走过的道路之

360

间的关系。黑格尔本人往往没有完成这种分析本身,而是代之以不断翻新地宣告这个意图。例如在《法哲学原理》中,对君主政体的思辨演绎是被宣告,而不是被完成的,并且由此它的结果在任何攻击面前都很脆弱:"国家意志的这种最后的自我,抽象地说来是简单的,所以它是直接的单一性;因此,其概念本身包含着自然性的规定;因此,君主作为这样一个从其他一切内容中抽象出来的个人,天生就注定是君主尊严的化身,而这个个人被注定为君主,是通过直接的自然的方式,是由于肉体的出生。从纯自我规定的概念到存在的直接性,从而到自然性的这种推移,带有纯思辨的性质,因而对这种推移的认识属于逻辑哲学的范围。可是大体上说来这正是那种被公认为意志的本性的推移,这种推移是内容主观性(想象中的目的)转化为定在的过程(第8节)。但是这里所考察的理念和这种推移的独特形式就是意志的纯自我规定(简单概念本身)直接转变为"这个"和自然的定在,而没有特殊内容(行动中的目的)作为中介……补充:人们时常反对君主,以为通过了他,国家的一切事态都依存于偶然性,因为君主可能受到恶劣的教养,也可能不够资格占据国家的最高职位,所以说这样的情况应该作为一种合乎理性的情况而存在,那是荒谬的。殊不知这种说法的前提,即一切依存于特殊性的品质这一点是无意义的。在一个组织完善的国家中,问题仅在于作形式上决断的顶峰和对抗激情的自然堡垒。因此要求君主具有客观特质是不正确的。君主只用说一声'是',而在 I* 上御笔一点。其实,顶峰应该是这样的,即他品质的特殊性不是有意义的东西。君主的这种规定是合乎理性的,因为它符合概念;但由于人们不容易了解它,所以他们往往见不到君主制的合理性。君主制本身必须是稳定的,至于君主除了这个最后的决断权之外所能有的其他东西,都是一些属于特殊性的东西而不应该有什么意义的。诚然,可能有某些情况,在这些情况下所出现的只是这种特殊性,那是因为国家还没有完全成长,或者

---

* der Punkt auf dem i,表示"完美工作的最后修饰",在此表示君主的工作乃是实质性工作完成之后的附加修饰。——译者注

它根本组织得不好。在一个有良好组织的君主制国家中，唯有法律才是客观的方面，而君主只是把主观的东西'我要这样'加到法律上去。"④要么是黑格尔所驳斥的所有糟糕的偶然性都拥挤在这个"我要这样"之中，要么是君主就是一个可有可无的唯唯诺诺之人。但是，这样一些弱点却常常也包含着对理解的关键性指引。对黑格尔意图的内在忠诚，要求人们为了理解他而去补充或者超越出他的文本，就此有一些比法哲学这个不够灵巧的意识形态文本更好的案例。那么，对密码学上的单个表达冥思苦想，并卷入常常是毫无结果的纷争中寻找其所指的东西，是毫无帮助的。毋宁说，应该揭开其意图；出于对这个意图的了解，而去重构事实内涵，这在黑格尔那里常常是几乎浮现出来了的，即便是在他本人表述被反弹回去的地方也是如此。比他所指的是 362 什么更为重要的是，他所谈论的是什么；应该从纲领出发，产生出事态和问题，然后独立地深入思考。客体性对于思想系列的优先性，应该被思考的特定事实内涵的优先性，在黑格尔的哲学中还是构成了一种反对黑格尔哲学的所在。如果他的问题在一个段落内部被提纲挈领地呈现并得到解决——人们会推测哲学方法的秘密乃在于，理解一个问题和解决一个问题其实应该是一回事，那么黑格尔的意图也就被阐明了，它就是他以密码学的方式思考的东西自身揭开了面纱，他的思考通过这些思考本身错失的东西而清晰地表达出了自身。

沉浸于单个事物的阅读任务需要对黑格尔文本的内在结构进行思考。它不是通常的直线递进的思想发展，也不是一些不连续地彼此脱离的、自身满足的分析的系列。即使是与他有时候提到的网络相比较，也是不准确的：网络忽视了动力因素。但是，动力因素与静态因素的联合倒是标志性的。黑格尔的沉重的章节拒绝了在概念分析，即"注解"（Erläuterung）与作为向一个新形态前进的综合之间的区别——这个新形态是不应该存在于概念本身之中的。这就干扰了人们的取向，让他们现在不知道在何处停下。

他刚开始的时候就停顿下来，然后努力继续，又重新开始，然后又停顿下来，说一会儿，又冥思苦想一会儿，好像总是缺乏恰当的词汇,而现在才最为确定地击中要害;它显得普通平常,并且又是无可比拟地适合,显得非同一般,但又是那唯一正确的一个;最本真的东西似乎总是应该最后才能被理解,而它已经在没被觉察的情况下尽可能完整地被说出来了。现在如果人们已经掌握了一条命题明白的意指,并且急切地希望继续前进,这是徒劳的。思想不是向前,而是转身向后,往往是围着那同一个论点,操着相似的言辞。但是,如果疲乏的注意力涣散而偏离主题,并在几分钟之后才猛然一惊回到报告上来,那么它就发现自己像受到惩罚一样被

363 整个地扔到所有背景关联之外了。因为,借助于一些看起来无意义的连接,一些充分的思想慢慢地、谨慎地将自身限制在了片面性的点上,将自身区分出来,并卷入矛盾之中,这些矛盾的胜利的解决应该是最终将最为对立的双方强力克服,使之走向重新统一。从而,往往总是小心地接收前面的因素,在更深的层面上,以另一种形式提出后来的因素,后者更加分裂但同时又更加富于和解;最让人惊叹的思想之流,裹挟着,催促着,迸发着,时而分离,时而聚合,在某些地方踌躇犹豫,然后激动神往,势不可挡,勇往直前。㊹

若宽泛一些或许可以主张,在黑格尔的体系中就如同在其讲演中一样,不再按照康德哲学的常识严格地区分分析判断与综合判断了。而在其中,黑格尔也编排了前康德哲学,尤其是莱布尼茨理性主义的一场由主体性中介了的重演,而这模式化地改造了陈述。这个陈述在趋向上具有分析判断的形式,但黑格尔对这个逻辑形式本身,即这个抽象的概念同一性却毫不仁慈。思想的运动,新东西的出现,并没有在康德的意义上为语法上的主体概念增添了什么东西。新的东西就是旧的东西。通过概念的阐明,也就是通过按照传统逻辑和认识论来说的分析判断所达到的东西,在概念本身之中,在没有损害概念范围的情况下,它的他者,也就是非同一物作为它的意义隐含(Sinnesimplikat)就变得显而易见了。在这来回转向之间,概念最终得出,它多于它的所是。一旦它固执于自身,它就走向自身的断裂,而正是这种固执的灾难建立起运动来,这个运动又将它变成另外一个东西。这个思想结构的模型是同一

律即 A＝A 处理的东西，这在"差别论文"已经被勾勒，并在《逻辑学》中被有力地彻底实现出来。一个纯粹同一性判断的环节的非同一性，是属于这个同一性判断的意义的；在一个单个的判断中，等同性本身只能由不等同性来谓述，在这个意义上，判断形式的内在要求，某物是这个或者是那个，就应该得不到满足。黑格尔的很多思考都被以类似的方式组织起来，人们不得不对这种模式作一次清楚说明，以不被他一次又一次地迷惑。按照黑格尔的微观结构，他的思想，以及其文学的形态，已然是本雅明称之为"静态的辩证法"的东西，与之可比的经验是，眼睛用显微镜观察一滴水，它就开始衍作拥簇的一团；不过，一束顽强的、入迷的目光投向之处，并非在对象的意义上边界清晰，似乎其边缘是发散的。《精神现象学》"序言"中的一个著名的地方告诉了我们那个内在结构："现象就是生成与毁灭的运动，但生成毁灭的运动自身却并不生成毁灭，它是自在地存在着的，并构成着现实和真理的生命运动。这样，真理就是所有的参加者都为之酩酊大醉的一席豪饮，而因为每个参加豪饮者离开酒席就立即陷于瓦解，所以整个豪饮也就同样是一种透明的和单纯的静止。在上述运动的审判前，个别的精神形态诚然像确定的思想一样并不会持续存在，但它们正像它们是否定的和正在消失着的环节那样，也都是肯定的必然的环节。——在运动的整体里（整体被理解为单纯的静止），那种在运动中区别出自己并使自己取得特殊的实际存在的东西，是作为这样的一种东西被保存下来，这种东西，回忆起自己，以对自己的知识为它的实际存在，而这种对自己的知识本身也同样是直接的实际存在。"⑤ 当然，在这里，以及在《逻辑学》中类似的地方⑯，静态对于总体性来说是预先设定的，正如歌德的格言，即所有渴望都是永恒的安宁。但是，就像整体的任何一个方面那样，这种安宁在黑格尔这里也同时属于任何单个事物，并且它的无处不在或许阻碍了黑格尔对它的解释说明。黑格尔离它太近了；它作为非反思的直接性的一个片段，在黑格尔面前隐匿了自身。

　　但是，这个内在结构对背景关联有着影响深远的后果：反作用力。关于黑格尔思想的动力论，一个广为传播的看法是：概念的运动无非就是一个概念借助于其内在的中介性向另一个概念的进步；这至少是片面的。如果任何一个概念的反思——按规律来说是与反思之反思相结合的，通过指出其不调和的证据而强行打开这个概念，那么概念的运动
365 常常也会刺激到它所挣脱的那个阶段。这个进程就是对先行者的永恒的批判，而这种运动就补充了综合性的进步运动。因此在同一性的辩证法中，不仅仅是非同一性的同一性变成了其更高的形式，综合性命题所达到的 A＝B，而且它自身的内涵已经作为分析命题 A＝A 的必然因素被认识到了。反过来说，A＝A 这个简单的形式同一性，在非同一物的相等之中被保存了下来。有时候陈述会据此做一个反向的跳跃。按照简单的三段式模型应该被称为新的东西，将自身揭露为历来被谈论的单个辩证运动的未被阐明和修订过的起点概念。证据就像黑格尔本人指出的那样，在于《逻辑学》第二部分的"本质向根据的自我规定"一节："假如把规定当作最初的、直接的东西，从那里出发前进到根据（通过规定的本性，它是要由自身而消灭的），那么，根据就首先是由那个最初的东西而规定的。不过这个规定，一方面作为规定的扬弃，知识回复了、净化了的或启示了的本质同一性，这个同一性就是自在的反思规定；另一方面，这个否定运动，要作为规定，才是那个反思规定性的建立，那个规定性表现为直接的规定性，但它只是由排除自身的根据的反思建立起来的，并且在这里只作为建立起来的或被扬弃的东西。——因为本质把自身规定为根据，所以它只是从自己发生出来的。"㊼在"主观逻辑"中，黑格尔以一种普遍而且更少形式主义的方式，将三段式模型的"第三部分"规定为其讨论的单个辩证运动的第一部分的变形形式。

在方法的这个转折点上，认识过程又立刻转回到自身去了。这个否定性，作为自身扬弃的矛盾，是第一个直接性，即单纯普遍性之恢复；因为他物的他物、否定的否定，直接就是肯定的、同一的、普遍的。这第二个直接的东西，在整个过程中，假如人们总是愿意计数的话，对第一个直接的东西和对有中介的东西来说，就是
366 第三个东西。但它对第一个或说形式的否定并对绝对的否定性或

说第二个否定来说，也是第三个；如果那第一个否定已经是第二项，那末，那被数为第三的，也可以数作第四；抽象的形式也将不用三分法而被当作是一个四分法。否定的东西或区别，以这种方式，便数作两分……更详细一点说，但是，现在第三个，由于中介的扬弃，便是直接的东西；由于区别的扬弃，便是单纯的东西；由于否定的东西的扬弃，便是肯定的东西；是概念，概念由于他有而实在化自身，并且由于这个实在的扬弃而与自身融合，并且恢复了……它的单纯的自身关系。这个结果因此是真理。它既是直接性，又是中介；——但这些判断形式：第三个是直接性和中介，或者说，它是两者的统一，都不足以把握它，因为它不是一个静止的第三个，而正是以自身为中介的运动和活动那样的统一……这个结果作为进入自身并与自身同一的整体，重又给予自身以直接性的形式。于是它本身现在是一个如同开始的东西曾经规定自身那样的东西。㊽

按照贝多芬式的音乐理想，重复，也就是对已展开了的整体的回忆性回归，是辩证法贯彻的结果；这种音乐对此提供了一个类似情况，但又超出了单纯的类比。即使是高度组织化的音乐，人们也必须多维度地，前前后后地去倾听。这就要求它有时间性的组织原则：时间应该只有通过已知之物与尚未知之物间的差别，通过已在此之物与新鲜事物之间的差别而清晰表达出来；前进本身就是以一种反向的意识为条件的。人们必须熟悉整个乐章，必须觉察到每一个先行的瞬间。单个的段落应该被理解为先行之物的结果，偏离的重复的意义是应该实现的，重现并不单纯是建筑术上的符合，而应该将其认知为强制性地发生的东西。或许，有一点对理解这种类比以及黑格尔哲学的最核心之处是有所助益的，即将总体性理解为在自身之中通过非同一性中介了的同一性，这种理解将一条艺术的形式法则转写为哲学的法则。这种转写本身是以哲学的方式被推动的。绝对的唯心主义不想容忍一种对它的法则来说相陌生和外在的东西，正如动力的目的论之于共时性的艺术，尤其是古典主义音乐。如果成熟黑格尔将谢林的理智直观贬斥为非概念的和机 367

械的幻想,那么比之谢林哲学,黑格尔哲学的形态因此就与艺术作品之间有着无可比拟的接近,而谢林哲学却正是想按照艺术作品的原型来构成世界的。从经验中突显出来的艺术,需要一种具有构成性的不可溶解之物,需要非同一物;艺术在那本身不是其自身的地方,才成为艺术。这就将谢林从未清除的二元论永久化,谢林哲学的真理概念正是从艺术那里接受过来的。但是,如果艺术不跟哲学分离开,作为哲学的原型性的引导观念,如果哲学本身想完成作为一种假象的艺术所未完成的东西,那么恰恰因此哲学的总体性变成了审美性的、绝对同一性的假象的演出舞台。在艺术中,假象是无害的,如果艺术仍然设定自身为假象,而不是实现了的理性的话。

正如在艺术作品中表现和构成之间的紧张占据统治地位一样,在黑格尔这里便是表达要素与论证要素之间的紧张。当然,任何不满足于非反思地模仿科学理想的哲学,都会以更加温和的方式了解这一点。表达要素在黑格尔那里代表经验;它就是那真正要被阐明的东西,但如果它想要获得必然性的话,就不能不通过概念的媒介(毋宁说是这种要素的对立面)而出现。这样一种表达的需要,最终在黑格尔那里根本就不是一种主观的世界观。毋宁说,它已经被客观的方式决定了。在任何重要的哲学中,在以历史的方式显现的真理中,它都是有效的。在黑格尔哲学著作的身后历史(Nachleben)中,在它的内容的展开过程中,它所表达的东西就从它所单纯思考的东西中逐步解放出来。但是,正是经验内容的客观性,作为精神之无意识的历史编撰学,过度生长而超出了它的主观所指,它在哲学中活动着,好像它就是其主观因素似的。因此它加强了那个思维的活动,这活动最终恰恰消亡在那个公开的经验内涵之中。所谓哲学基础的—或者原初的经验,它们想直接地将自身表达为这种经验,而不将自身转化为思索(Überlegung),那么它们就仍然是些无力的冲动。主观经验仅仅是哲学经验的外壳,而后者在前者之下茂密生长,进而摆脱前者。就将精神的经验转译到概念之中来说,黑格尔的整个哲学是一种独一无二的努力。这种思维装置提升,人们乐于将其斥责为强制运作机制(Zwangsmechanismus),这种机制与那些必须被克服的经验的暴力成比例地相符合。在《精神现象学》中，黑格尔仍然想相信，这个经验是大可描述的。但是，精神的经验除了在其自身的中介中反思自身以外，根本就没有其他的表达方式：能动地被思考。被表出的精神经验与思想性媒介之间的漠不相关（Indifferenz），是没有办法获得的。黑格尔哲学的非真理恰恰显示在这里，即它借助于充分的概念性努力，将这样一种漠不相关性设想为可实现的。由此就出现了经验和概念之间的无数断裂。应该从相反的方向去阅读黑格尔，包括这样一种阅读方式，即任何逻辑操作，尽管它还是形式性的，都要回溯到其经验的内核。在读者那里，这样一种经验的对等物乃是想象。如果他想断言，某个地方说的是什么，或者甚至像追捕妖怪那样去揣测作者想要说些什么，那么内涵就从他身边悄悄溜走了，而这个内涵的哲学确定性正是他所记挂的。人们能够从黑格尔那里读出的东西，绝不多于他塞进去的东西。理解的过程就是这样一种规划的不断进步的自我修正，通过与已经写下的东西的比较来进行自我修正。作为形式法则，事物本身包含着在读者那里的生产性想象的期待。在经验中可能呈现出的东西，他必须要从其本人的经验中构想出来。理解恰恰必须在经验与概念之间的断裂中采取行动。在概念自身独立为装置的地方——只有以狂热的愚蠢才能为黑格尔开脱，说他偶尔会蔑视自己的法规，它们应将推动性的精神经验召回，以使之富于生命力，正如这 369 些概念想要成为，却必然地成为不了的那样。另一方面，在黑格尔那里，精神经验的优先性也侵袭到了其概念形态。人们将黑格尔指责为泛逻辑主义，他预见到了一个趋势，这个趋势是在他去世一百年之后，在胡塞尔及其学派的现象学中才以方法的方式被承认了的。他的思维操作是悖论性的。尽管它在概念的媒介中保持极端状态——按照外延逻辑的等级结构：在最高的抽象水平上，但是它其实并不是要论证，好像它想由此节约掉与那种经验相对立的思想的客观补充似的，而那个经验就是精神性的，并且本身就是思想。这个出自《精神现象学》"导论"的纯粹旁观的纲领，在这部代表作中拥有的比重，要比天真的哲学意识所相信的要多。因为，按其观念，所有的现象——在《逻辑学》的意义上，它的诸多范畴也是现象，也是一种显现出的东西、被给予的东西，并且在这个意义上被中介的东西，正如在康德的先验演绎的某个地方曾闪现出来的那样*，在其自身中都是被精神地中介了的，要把握它们并不需要思维，而毋宁说需要那样一种行为，为此一百年后的现象学发明了"自发的接受性"这个术语。思维着的主体应该祛除思维，因为这思维本身在被思考的客体中重新发现了自身；它不过是应该从这个客体中展开出来，并不得不在其中识别自身。这个总是要接受批判的直观，是他建立起自身运作的依据。因此，黑格尔只有在这种情况下才能是可被理解的，即人们将单个的分析不是作为隐含意义（Sinneimplikaten）的论证来阅读，而是作为隐含意义的描写来阅读。只是这种隐含意义不是像在胡塞尔学派中那样被理解为固定的意指、理想的统一性和不变化的东西，而是被理解为在自身中运动的东西。黑格尔深深地不信任论证，并且有很好的理由。首先是这位辩证法家知道，一个东西是可证明的，往往是由于暴露了一个反驳——后来齐美尔重新揭示了这一点。因此黑格尔就必然对寻找论证的努力感到失望。关于为什么的问题，即在其他可能性而非黑格尔推荐的可能性看起来的似乎开放的地方，经验不丰富的读者常常感到必须对黑格尔的过渡和推进提出为什么的问题，这些问题也是不适合的。方向上的常量是被总体意图预先确定了的；但是就现象所说的东西，是被他推断出来的，或者至少它是应当存在的。范畴正如其奠基关系（Begründungszusammenhang）一样，本身就属于黑格尔的本质辩证法，是不应该被假定的。如黑格尔所

370

---

* "范畴只是这样一种知性的规则，这种知性的全部能力在于思维，即在于把在直观中以别的方式给予它的那个杂多的综合带到统觉的统一上来的行动，因而这种知性单凭自己不认识任何东西，而只是对知识的材料、对必须由客体给予它的直观加以联结和整理而已。但我们的知性只有借助于范畴、并恰好只通过这种类和这个数目的范畴才能达到先天统觉的统一性，对它的这一特性很难说出进一步的理由，正如我们为什么恰好拥有这些而不是任何别的判断机能，或者为什么惟有时间和空间是我们的可能直观的形式，也不能说出进一步理由一样。"(Kant, *Kritik der reinen Vernunft*, hg. von Raymund Schmidt, 2 Aufl., Leipzig 1944, S. 158 f. [B 145 f.].中译参见康德：《纯粹理性批判》，邓晓芒译，杨祖陶校，人民出版社2004年版，第 97 页。)

理解的，如果阅读任务不是理智的强行军的话，那么它几乎可以被称为它的反面。这个理想是非论证的思维。他的哲学，作为一种最为紧张的同一性，要求最极端的紧张程度，在这个意义上也是辩证的，即它在松弛下来的思想的媒介中自我运动。它的实现取决于，这个松弛是否成功达到。这是黑格尔区别于康德和费希特的非同寻常的一点。无论如何也区别于他所攻击的谢林哲学中的直觉主义。就像他打破了所有固执的二分法一样，他也打破了论题（These）与论证之间的二分法。在他看来，也正如在很多哲学中一样，论证不是一个辅助性的东西，一旦论题渗入进来就变得多余。在他的著作中既无论题，也无论证；黑格尔讥笑它们为"格言"。一者潜在地是另一者：论证是对事物之所是，也就是对论题的直言判断；而论题则是进行判断的综合，也就是论证。

意识之松弛作为行动方式，并不意味着拒绝联合，而是让理解向它们开放。黑格尔只能被联合地（assoziativ）阅读。应该尝试在任何地方都引入其所指的如此多的可能性与他者的如此多的关系，正如其不由得要产生的那样。生产性的想象的成就尤其存在于此。至少一部分精力——离开这种精力就像离开松弛一样什么也读不出来，被用来摆脱那种自动化的纪律，这个纪律要求专注于对象之上，但却因此而轻易错失对象。联合的思维在黑格尔那里是根植于事物本身之中的（fundamentum in re）。即使有《法哲学原理》那种反方向的声明，黑格尔的真理观念，作为一种生成正如作为概念对生活中经验的吸收一样，已经超越了哲学领域在体系性和历史性方面的划分。黑格尔哲学的基底，即精神，正如人们知道的那样，不是被分裂出来的主观思想，而是现实的，从而其运动就是现实的历史。尽管如此，《精神现象学》的最后几章，即使是借助于无可比拟的技巧，也没有将意识经验的科学与人类历史的科学粗暴地挤压到了一起。这两个领域相互接触又悬而不决。在《逻辑学》中，按照其主题性质，或许也是出于后期黑格尔的僵化的压力，外向的历史就被范畴学说的内在历史性（Historizität）吞噬了。但是，范畴学说至少是几乎没有忘记更为狭窄意义上的精神史。在《逻辑学》就同一个事物将自身与其他观点区隔开的地方，它就从头到尾地涉及哲

371

学史上的传统命题。一般来说,在那些晦涩的章节,对这类关涉进行外推是有所助益的。黑格尔更早时期的文本也应该被考虑到,例如"差别论文"或者《耶拿逻辑》。它们往往是纲领性地被起草出,《逻辑学》想要兑现的东西,并且不揣冒昧地给出一些哲学史提示,这些提示后来为了概念运动的理想起见就被隐蔽起来了。毫无疑问,一片模糊性的阴影也覆盖在黑格尔著作的这些层级上。正如体系性考虑从历史性考虑那里接受到冲动力一样,历史性考虑也会通过体系性考虑而受到影响。它们几乎不会完全让自身陷入它们间接提到的哲学观念之中。它们的目标指向毋宁说是客观的兴趣,而非不同著作之间的所谓争辩。在"差别论文"中,人们有时候就会怀疑,什么是针对莱因霍尔德的,什么是针对费希特的,什么是已经针对谢林的:谢林的立场还是公开地得到了辩护,但是却已经在思想上被超越了。这样的问题或许要由黑格尔语文学(Hegelphilologie)来决定,如果真有这种语文学的话。在此之中,哲学史解释就像体系的解释一样,都要致力于同样的豁达自由(Liberalität)。

另外,历史性的关联根本不是唯一与黑格尔一同出现的东西。至少还需要指出另外一个维度。黑格尔的动力论本身反而就是一种处于动力要素与固定要素之间的动力论。这就将黑格尔与那种生命哲学之流截然区分开,例如被狄尔泰的方法所软化的那样。其对这个结构的后果是应该探究的。不像那些将辩证法本身的概念作非辩证理解的人所期待的那样,毋宁说恒定性自身维持在自身运动的概念内部。尽管范畴在单个环节上被否定了,同一性整体的观念,主体—客体的观念,同样需要这种范畴学说。尽管有所有这些财富,尽管有马克思用一个音乐比喻将其称为"奇峭的旋律"的东西[49],黑格尔哲学动机的数量也是有限的。这个向来有些悖论性的任务,即编制黑格尔哲学的恒定概念的目录以及制定出其与变化概念的关系,是紧迫性的。它对事情的作用不亚于教育学上的辅助,当然仅仅是在那种片面性未削减的意识中的辅助,而这种片面性在黑格尔看来本身就是非真实的东西。正如瓦格纳抱怨古典音乐时所作的类比,对黑格尔的阅读必须从纷乱嘈杂的咯咯作响的困窘中识别出奉献的美德。如果人们将对黑格尔没有指出但或许他不情愿地放入其著作之中的不变者，与当下的单个考虑所依靠的东西关联起来，这在那些最困难的地方是有帮助的。将普遍动机与特殊字面内容相比较，往往是有意义的。对整体的这个非正统概观，黑格尔开具了让其本身能够进行非正统运作的票据，而离开这种概观，整体将行之不远。黑格尔像一般的自由思想那样，离开了游戏的因素（Spielerisches）就不能思考，诸关联要归功于这种因素，而关联则只是单纯的部分因素。它的对立一极就是本文字句。奉献的第二个阶段 373 应该是在那种本文字句上实验这种关联，将与这个本文相矛盾的东西排除出去，另外剩下的就是与它相一致和解释了其细节的东西。在这种丰产性之外，联合的标准就是，它们并不单纯地与在此的东西相一致，而是首先也跟这背景关联相一致。据此，阅读黑格尔似乎就是一种实验性的操作：可能的阐释或许突然被想起，被建议，可以与文本和已然可靠的阐释进行对比。那种与所说的内容必然疏远的思想，必定又重新聚拢到这个所说的内容之中。有一个当代思想家叫杜威，他的实证主义让他的两个所谓立足点更为接近黑格尔，他就将哲学称为实验主义（Experimentalismus）。他的某些态度适合黑格尔的读者。这样一种二阶经验主义，展开了那种潜在实证主义因素的黑格尔的历史性发展的当代阶段，尽管黑格尔辱骂那些有偏见的反思思维，他的哲学本身也掩盖着对所是之物的固执坚持。敢于在存在的事实的总概念中去寻访精神的人，其对这事实的服从，因此要比竭力声明这个事实的人深刻得多。黑格尔的重构的理想，与科学的理想并非绝对地相差别：在黑格尔辩证法的矛盾中，它本身没有调停的矛盾或许是最富有成果的。他挑起了一种实验主义，否则这就仅仅是单纯的唯名论推荐过的东西了。以实验的方式去阅读，是符合黑格尔的尺度的。

但这不过是说，对黑格尔的合理阅读，离开对他的批判就是不可能的。源于教育学层面和权威的不无成见的观念，即批判作为第二层次是建立在理解之上的，这种观念一般而言是错误的。哲学本就是在真实与错误的永恒的不连续性中发生的。理解是与哲学一同发生的东西，并因此总是也潜在地是对有待理解之物的批判，理解一旦发生，它

必然引起另一个判断,而不是那个应该被理解的判断。谁拿上来一本
374 黑格尔的书,写满不尊重的旁注,那他可不是最糟糕的读者。我们不必
否认教育学上的危险,即学生由此陷入喋喋不休,牢骚满腹,自恋懒惰
地讨论事情,但是这些却与认识论上的事实内涵毫无关系。就教师的
方面,就是要保护理解与批判之间的相互交融不堕落为自命不凡的空
洞。现在面对黑格尔,这种相互交融在一种特殊的程度上是需要的。
关于如何阅读黑格尔的指南,应该必然是内在的。这个指南应该要为
此作出贡献,即要掏出他的文本中的客观内容,而非从外部对他的哲学
进行哲学思考。这无非就是要去接触事物。对那些攻击,说这种阅读
是没有立场的,是软弱的和相对主义的,内在的操作无需畏惧。信赖自
身客观性的思想,自身沉湎于对象之中,必须毫无保留地将自身交托给
对象,寄托给银行(va banque)——哪怕这个对象是另一种思想;这样
做的风险酬金就是,它们不是体系性的。超越性的批判预先就避开了
与它本身的意识不相同的东西的经验。它不是内在的,且牢牢地固定
在那个立足点之上,对于其固执和任意,哲学在同等程度上都是反对
的。按照单纯的形式,在一个内容被表达出来之前,它已经表达了对权
威的赞同:形式本身有其内容的因素。"我作为……"这个短语后面,人
们可以接上任何方向,从辩证唯物主义到新教学说,对此来说就是典型
性的。谁若按照被设定在路线之外的前提来判断被曝光的东西——艺
术或者哲学,那么他的行为就是反动的,即使他在喊着进步的口号。与
此相反,黑格尔的内在运动的要求是,它就应该是真理,而不是立场。
在这个意义上,它想要超出它自己的纯粹内在性,尽管这种纯粹内在性
也必须从一个立足点的局限性中开始。谁因此将自身托付给黑格尔,
就被引导到一道应该能决定其真理诉求的门槛上。他变成了黑格尔的
批判者,因为他是黑格尔的追随者。在理解的视角下,黑格尔哲学中不
可理解的东西,乃是同一性思维本身的创痕。他的辩证哲学卷入了一
种它不能够进行解释的辩证法之中,这种辩证法的解决已然超出了它
375 所有的能力。完全展开它的诺言,是虚假的。不可溶解的非同一物的
真理,在体系之中,按照体系本身的法则显现为错误,在另一种意义上,

即未被克服的意义上显现为未被解决掉的东西；显现为体系的非真理；并且不真实的东西都是不可理解的。这样，不可理解的东西就将体系砸开了。在对否定性、分裂和非同一性的所有强调中，黑格尔其实只是出于同一性的缘故而熟悉了这个维度，只是将其认作同一性的工具。非同一性是很难被强调的，但是正是因为其极端思辨的负载而没有被承认。正如在一个宏大的信贷体系中，任何单个人对其他人都负债累累——非同一的（nichtidentisch），但是整体却没有任何债务，它是同一的（identisch）。在其中唯心主义的辩证法就运行着它的谬误推理。它热情洋溢地说着：非同一性（Nichtidentität）。这个非同一性为了自身之故被规定为异质的东西（Heterogenes）。但是由于辩证法规定它，它已经错误地以为它应该能超出非同一性，并肯定能够成为绝对的同一性。或许非同一物、未被认知者通过认识活动也会变成同一的，非概念物通过概念性把握会变成为非同一物的概念。借助于其中的这种反思，非同一物本身却非但没有变成概念，而是仍然保持为与概念不同的内容。从概念的逻辑运动出发，并不应该过渡到实存之中。按照黑格尔的观念，它在构成性上还需要非同一物，从而概念和同一性才得以产生；正如反过来说，它需要概念，以让一种非概念物、非同一物被意识到。黑格尔不违背他本人的辩证法概念，将它聚拢到最高的、无矛盾的统一性中，正因为这样他却伤害了那个应该针对他而得到辩护的辩证法的概念。法之极，恶之极（Summum ius summa iniuria）。通过扬弃，交互性又恢复到了片面性。从交互性出发，也有可能不会飞跃到非同一物；那样的话，辩证法就忘掉它的普遍中介的洞见了。但是，在其中被一道设定了的不溶解因素，又不能用明希豪森的绝技（Münchhausenkunststück）将其清除。让它不快的东西，乃是刚刚被它赢得的真理内容。辩证法只有通过将其自身的逻辑贯彻到底来牺牲其逻辑的一贯性，这样它才可能是一贯的。对理解黑格尔来说，这应该并非微不足道。

注释

① Hegel，WW 4，S. 493.中译参见黑格尔：《逻辑学》下，杨一之译，商务印书

馆 1966 年版,第 15 页。

② WW 1, S. 60.中译参见黑格尔:《费希特与谢林哲学体系的差别》,宋祖良、程志民译,杨一之校,商务印书馆 1994 年版,第 21 页。

③ Vgl. Text, S. 293 f.

④ Hegel WW 8, §212, Zusatz, S. 422.中译参见黑格尔:《小逻辑》,贺麟译,商务印书馆 1980 年版,第 396—397 页。

⑤ Vgl. J.M.E.McTaggart, *A Commentary on Hegel's Logic*, Cambridge 1931.

⑥ Hegel WW 7, §157, S. 236 f.中译参见黑格尔:《法哲学原理》,范扬、张企泰译,商务印书馆 1961 年版,第 173—174 页。

⑦ Vgl. WW 1, S. 56 f.中译参见黑格尔:《费希特与谢林哲学体系的差别》,宋祖良、程志民译,杨一之校,商务印书馆 1994 年版,第 17 页。

⑧ WW 4, S. 488.中译参见黑格尔:《逻辑学》下,第 10 页。

⑨ Descartes, *Die Prinzipien der Philosophie*, übers. und erläutert von Artur Buchenau, Hamburg 1955,Ⅰ.Teil, S. 15.中译参见笛卡尔:《哲学原理》,关文运译,商务印书馆 1958 年版,第 17 页。

⑩ Descartes, *Œuvres*, *Principia Philosophiae*, Bd.Ⅲ, Paris 1905, pars prima S. 21 f.

⑪ Kant, *Kritik der reinen Vernunft*, hg. Von Raymund Schmidt, 2. Aufl., Leipzig 1944, S. 398 f.(B 414 f.)中译参见康德:《纯粹理性批判》,邓晓芒译,杨祖陶校,人民出版社 2004 年版,第 298 页。

⑫ Descartes, *Discours de la méthode*, über. v. Lüder Gäbe, Meiner, Hamburg 1960, 4.Teil, S. 55.中译参见笛卡尔:《谈谈方法》,王太庆译,商务印书馆 2000 年版,第 28 页。

⑬ Ludwig Wittgenstein, Tractatus logico-philosophicus, 7, in: *Schriften*, Frankfurt 1960, S. 83.中译参见维特根斯坦:《逻辑哲学论》,郭英译,商务印书馆 1985 年版,第 87 页。

⑭ Hegel WW 17, S. 348.黑格尔:《哲学史讲演录》第一卷,贺麟、王太庆译,商务印书馆 1959 年版,第 298 页。

⑮ Vgl. Edmund Husserl, *Ideen zu einer reinen Phänomenologie und phänomenologischen Philosophie*, Halle 1922, S. 136.中译本参见胡塞尔：《纯粹现象学通论》,舒曼编,李幼蒸译,商务印书馆 2011 年版,第 205 页。

⑯ a.a.O., S. 133.中译参见胡塞尔:《纯粹现象学通论》,第 203 页。

⑰ a.a.O., S. 137.中译参见胡塞尔:《纯粹现象学通论》,第 206 页。

⑱ a.a.O.中译参见胡塞尔:《纯粹现象学通论》,第 207 页。

⑲ a.a.O., S. 138.中译参见胡塞尔:《纯粹现象学通论》,第 208 页。

⑳ H. G. Hotho, *Vorstudien für Leben und Kunst*, Stuttgart und Tübingen 1835, S. 386.

㉑ Vgl. Friedrich Überweg, *Grundriss der Geschichte der Philosophie*,Ⅳ, neu bearbeitet von T. K. Österreich, Berlin 1923, S. 87.

㉒ Hegel，WW 5，S. 5.中译参见黑格尔:《逻辑学》下,第 239 页。

㉓ Hegel，WW 5，S. 13 f.中译参见黑格尔:《逻辑学》下,第 246 页。

㉔ WW 4，S. 536.中译参见黑格尔:《逻辑学》下,第 56 页。

㉕ a.a.O.，S. 658.中译参见黑格尔:《逻辑学》下,第 174 页。

㉖ WW 2，S. 619.中译参见黑格尔:《精神现象学》下,第 274 页。

㉗ WW 10，§ 411，Anmerkung，S. 246.中译参见黑格尔:《精神哲学》,杨祖陶译,人民出版社 2006 年版,第 196 页。

㉘ WW 3，S. 211.

㉙ WW 5，S. 203.中译参见黑格尔:《逻辑学》下,第 416 页。

㉚ WW 2，S. 390.中译参见黑格尔:《精神现象学》下,贺麟、王玖兴译,商务印书馆 1979 年版,第 55 页。

㉛ WW 2，S. 405.中译参见黑格尔:《精神现象学》下,第 70 页。

㉜ Hotho, *Vorstudien für Leben und Kunst*, a.a.O., S. 384 f.

㉝ WW 4，S. 87.中译参见黑格尔:《逻辑学》上,杨一之译,商务印书馆 1966 年版,第 69 页。

㉞ a.a.O.，S. 665.中译参见黑格尔:《逻辑学》下,第 180 页。

㉟ Vgl. Max Horkheimer und Theodor W.Adorno, *Dialektik der Aufklärung*, Amsterdam 1947, S. 38 ff.

㊱ Hegel WW 7，§ 3，Anmerkung，S. 43 f.中译参见黑格尔:《法哲学原理》,范扬、张企泰译,商务印书馆 1961 年版,第 5—6 页。

㊲ Gustav Rümelin, *Reden und Aufsätze*, Tübingen 1875, S. 48 f., zitiert in: Friedrich Überweg, *Grundriss der Geschichte der Philosophie*, a. a. O., S. 77.

㊳ WW 5，S. 328.中译参见黑格尔:《逻辑学》下,第 529 页。

㊴ a.a.O.，S. 240.中译参见黑格尔:《逻辑学》下,第 451 页。

㊵ a.a.O.，S. 240 f.中译参见黑格尔:《逻辑学》下,第 451 页。

㊶ a.a.O.，S. 329.中译参见黑格尔:《逻辑学》下,第 530 页。

㊷ a.a.O.，S. 352.中译参见黑格尔:《逻辑学》下,第 552—553 页。

㊸ Hegel WW 7，§ 280，S. 387 ff.中译参见黑格尔:《法哲学原理》,第 301—302 页。

㊹ Hotho, *Vorstudien für Leben und Kunst*, a.a.O., S. 386 f.

㊺ WW 2，S. 44 f.中译参见黑格尔:《精神现象学》上,第 30—31 页。

㊻ Vgl. WW 4，S. 665 f., und WW 5，S. 212.

㊼ WW 4，S. 552.中译参见黑格尔:《逻辑学》下,第 72 页。

㊽ WW 5，S. 343 ff.中译参见黑格尔:《逻辑学》下,第 544、545、546 页。

㊾ Vgl. Marx, *Die Frühschriften*, hg. von Siegfried Landshut, Stuttgart 1953, S. 7.中译参见马克思:《给父亲的信》,载《马克思恩格斯全集》第 40 卷,人民出版社 1960 年版,第 15 页。译文由"离奇古怪的调子",改为"奇峭的旋律"。

说　　明

黑格尔著作的引用依据"纪念版",赫尔曼·克罗格纳（Hermann Glockner）新版（Stuttgart，seit 1927）。以下是文献缩写：

WW 1：《哲学批判杂志》论文（以及耶拿时期的其他著作）

WW 2：《精神现象学》

WW 3：《哲学概论》

WW 4：《逻辑学》第一部分

WW 5：《逻辑学》第二部分

WW 7：《法哲学原理》

WW 8：《哲学体系》第一部分

WW 9：《哲学体系》第二部分

WW 10：《哲学体系》第三部分

WW 11：《历史哲学讲演录》

WW 12：《美学讲演录》第一卷

WW 15：《宗教哲学讲演录》第一卷

WW 16：《宗教哲学讲演录》第二卷

WW 17：《哲学史讲演录》第一卷

WW 18：《哲学史讲演录》第二卷

WW 19：《哲学史讲演录》第三卷

后　记

《黑格尔哲学诸方面》产生于作者在黑格尔逝世一百二十五周年纪 念大会上的报告，这个大会是于 1956 年 11 月 14 日在柏林自由大学召开的。它的准备工作要比在那个演讲中所能够支配的内容广泛得多。作者发现有必要为柏林的那场活动挑选出一个复合的整体（当然是核心性的整体），而其他的动机则在黑森电台（Hessischen Rundfunk）的一个报告中来处理。但是由于这些要素是作为一个整体而被构想出来的，所以作者后来就在进行一些重要的补充之后，将它们统一成了一篇论文。

《经验内涵》一文乃是作者于 1958 年 10 月 25 日，在德国黑格尔协会的学术会议（法兰克福）上的一个演讲的大大扩充了的版本。紧接着作者在索邦大学用法语又作了一遍这个演讲。它的文字版发表在《哲学文库》（*Archiv für Philosophie*）1959 年第 9 卷第 1/2 册。

《晦涩，或者该如何阅读黑格尔》一文写于 1962—1963 年冬天，从未发表过。

这三个部分相互补充，在一定程度上又相互独立，被用文字记录了下来，似乎重复着特定的动机；但无论如何它们又总是变换着角度。

衷心感谢法兰克福大学哲学系的同仁们，尤其是赫尔曼·思维彭霍伊斯（Hermann Schweppenhäuser）教授，阿尔弗雷德·施密特（Alfred Schmidt）博士，维尔纳·贝克（Werner Becker）博士和赫尔伯特·施耐德巴赫（Herbert Schnädelbach）博士。

术 语 索 引

119

人名索引

译 后 记

  阿多诺是一个社会批判家、一个文化批评家,而事实上他的主要社会身份乃是哲学家和哲学教授。在阿多诺否定辩证法的诸多哲学史前提中,黑格尔哲学可以说是最重要的一个。这不仅是因为阿多诺在观念上承续了柏拉图—黑格尔—马克思的辩证法传统,而且在他的教学活动中,黑格尔也始终扮演着最关键的角色。

  当然,如此评估黑格尔对阿多诺的影响,与阿多诺的主要哲学文本的情况多少有些不符,因为除开《否定的辩证法》中关于黑格尔历史哲学的"题外话",阿多诺专门探讨黑格尔的著作就只有这本一百来页的《黑格尔三论》了。然而熟悉阿多诺的人都知道,黑格尔的因素在其思想中无处不在,尤其是在批评现象学、存在哲学和实证主义等当代哲学思潮的时候,阿多诺始终在熟练地运用着黑格尔辩证法的语言,被公认为辩证法在 20 世纪的代表人物。不仅如此,以论著的多少来衡量一个哲学家的影响,在阿多诺这里也是不适合的,因为正如阿多诺在本书第三篇论文中所主张的那样,辩证法作为矛盾的总概念,本身就对抗着学院式书写的明白性语言,而作为哲学教授,表达思想的最佳方式就是给学生或者公众做大量计划性不强的演讲,所以黑格尔的著作有很大一部分要么是有待充实的纲要,要么是其学生所做的讲课记录。阿多诺并不反对这样的哲学实践,甚至试图在文本形式上做进一步探索。如果我们仔细考察阿多诺战后在社会研究所的教学情况,就不难发现他在回到法兰克福的 18 个教学年中,专门讨论黑格尔哲学的课程就有

13门,覆盖了黑格尔早期到晚期的主要文本。据阿多诺档案馆的出版计划,在阿多诺《文集》之外,还有体量相当的《遗著》,而后者的主要部分正是他的系列讲课记录。我们不难想象,黑格尔是活在阿多诺哲学思考的"日常"之中的,是阿多诺哲学创作的背景和底色。

本书"前言"中已指出,阿多诺对黑格尔哲学的思考酝酿已久,至少要追溯到他与霍克海默战后在法兰克福大学共同主持的教学活动,这可以说是二人在《启蒙辩证法》的共同创作的一种延续。这三篇论文中除了第二篇《经验内涵》主题较为集中之外,《黑格尔哲学诸方面》显得零散,而《晦涩,或者该如何阅读黑格尔》一文中密集出现的大段引文,似乎表明其还是阿多诺未最终完成的作品。但是本书的出版,却证明阿多诺已经接受这种"未完成性"了。用阿多诺的话说,"这三个部分相互补充,在一定程度上又相互独立,被用文字记录下来,似乎重复着特定的动机;但无论如何又总是变换着角度。"①"诸方面"这个标题本身就表明其内容是分散的,阿多诺也说它本是从大量材料性工作中挑选整理出来,尽管其动机乃是要读出黑格尔哲学的"整体";《经验内涵》在一定程度上可以视为对海德格尔的黑格尔解读的回应;而《晦涩,或者该如何阅读黑格尔》则是对黑格尔哲学的文学性解读,这个角度在黑格尔研究中并不多见。这三个不同的角度,都旨在为一种"改变了的辩证法概念"做准备,而我们知道这正是阿多诺的代表性思想"否定的辩证法"。

与我们通常的理解不同,"否定"的辩证法并不是在黑格尔"肯定"的辩证法之外选取另一个"立场",它必须从一种"内在批判"中得出,或者说"否定"是内在于黑格尔辩证法之中的,甚至就是黑格尔没有完全意识到的辩证"本质"。如果说,德国唯心主义将康德区分为"字面"的康德和"精神"的康德,发掘康德的精神意味着康德的彻底化,甚至意味着比康德更"准确"地理解康德,那么阿多诺就是在黑格尔这里发掘出否定的辩证法,其理解的准确性甚至超出了黑格尔本人的自我意识。正如费希特、黑格尔等人被视为康德的"后继者",阿多诺还有其理解的马克思也可以说是黑格尔的"后继者",是内在批判意义上的"后继者",

对黑格尔的批判与对辩证法的忠诚是一体的。这种阅读黑格尔的方式首先区别于学院式的、注疏式的阐释,因为后者更在意黑格尔哲学文本的考据,对其论证条分缕析,专注于某些方面,却鲜有呈现一个完整的黑格尔的能力。阿多诺强调对黑格尔的坚持和忠诚,但并不是拘泥于文句,而是要像黑格尔本人一样去思考整体。这种阅读也区别于海德格尔式的外在解读,后者选取《精神现象学》的"导论",将黑格尔的经验概念解释成存在者之存在,解释存在本身之"发生事件",而这与黑格尔的文本(存在作为最贫乏的直接性)是截然冲突的。尽管阿多诺的内在批判在黑格尔的真实与虚假之间作了区分,但是也绝不像克罗齐那样,划分出黑格尔哲学"活的东西"和"死的东西",因为这不过是以当代的眼光去判别黑格尔哲学的实用态度,其标准是外在的。阿多诺要"尊重"黑格尔,忠实于黑格尔的精神,尽管其结果是从黑格尔哲学中读出反黑格尔的东西,阐释出撑破黑格尔体系架构的东西。在阿多诺这里,黑格尔的唯心主义其实拥有一个唯物主义的内核。

要"借助"黑格尔来"反对"黑格尔,那么就首先必须揭示黑格尔哲学的内在矛盾。阿多诺曾说,所有形而上学都抱有一种"双重目的",一方面是最普遍的概念中介,一方面是用这个中介去追逐的非同一物。这个结构在康德那里就已显而易见,但是先验主体的同一性行动无法保证经验知识的实在性,因此最终面临虚无主义的危险。而要避免此危险,便需要将对象"本身"纳入到主体的活动经验之中,其关键就是表明主体活动乃是一种生产性活动,是造成其对象的活动。而反过来说,这种活动又是主体这个"活的实体"的自我生产。黑格尔相信辩证的运动,作为新的对象产生的过程,解决了这个活动的机制问题,而这正是黑格尔称之为"意识经验"的东西。阿多诺并未停留在经验"概念"上,而是要进一步追问这个经验的"内涵"是什么。这就需要某种创造性的解释。在阿多诺看来,活动性的精神其实就是黑格尔所把握到的社会性劳动,而精神的经验,其内涵正是社会历史经验。这一解读自然会招来专业黑格尔学者的反对,因为社会历史在黑格尔的体系中属于应用的逻辑,它仅仅是客观精神。然而阿多诺认为将黑格尔哲学仅仅划分为纯粹的逻辑和应用的逻辑,本身是可疑的,因为纯粹的逻辑并不是自在的,离开其经验内涵便不可理解。事实上在《精神现象学》中黑格尔"已经承认了自发的精神为劳动,即使不是在理论上,也是借助于其语言做出了承认。自然意识走向绝对知识的同一性的道路本身就是劳动"②。

面对黑格尔哲学专业界的责难,阿多诺这个论述显然还有许多步骤需要补充,但它表现出的马克思主义哲学立场却已清晰可见。在他看来,精神的总体性与社会的总体性是同构的,甚至当代的总体社会就可以被视为黑格尔体系的"证实",而社会总体的对抗性,则对应着黑格尔无法扬弃的"矛盾"。在这个总原则下,阿多诺与马克思主义者卢卡奇之间仍存在着诸多差异。阿多诺并不像青年卢卡奇那样,诉诸无产阶级意识这个绝对主体性来解决资本主义社会中的物化问题,因为在阿多诺看来绝对主体无论如何都是虚假的唯心主义理想。阿多诺重点突出的是德国唯心主义在黑格尔这里的"客观转向",也就是黑格尔在法国大革命的时代,如何将社会历史经验吸纳到自己的哲学之中。而组织起来的经验所构成的总体,可以说是唯心主义的顶峰,但也恰恰是唯物主义的。黑格尔辩证法的总体性是脆弱的,最终包裹不住其内涵的非同一性,所以在其陈述将要走向同一性终点的时候,黑格尔免不了会"强词夺理",直接宣布结论以替代论证,例如其对君主制的陈述就是如此。从对劳动的理解,对商品交换的理解等等,我们不难看出阿多诺与马克思遥相呼应,他似乎说出了很多马克思未曾言明的东西。

阿多诺的解读塑造了一个特别的黑格尔哲学形象,即使不是"非体系"的,至少也是一个脆弱的体系,而在阿多诺看来这才是黑格尔最有价值的一面。黑格尔哲学的意图始终是精心呵护着唯心主义摄取的经验内涵,而由于后者与概念的不相容性,黑格尔就不得不采取特别的写作方式。或许是因为阿多诺在文学和音乐方面的背景,他倾向于将哲学与文学和艺术,尤其是音乐关联起来考虑。恰如博尔夏特认为诗人写作乃是在侍奉语言本身,黑格尔的哲学文本也在从事类似的工作,它侍奉的是其经验内涵。因此黑格尔便抗拒正统的学院写作,抗拒教育的标准化语言,这样我们才不难在黑格尔的文本中找到"密密麻麻"的自相矛盾。鉴于经验内涵的复杂性,黑格尔的哲学语言便不能获得一贯性的论证,而辩证法的陈述也就像是一场哲学的电影,只能在流动中观看,仔细而专注的研究则必须借助于慢镜头。阿多诺的黑格尔阐释中,出现了许多不同寻常角色,如古希腊神话,歌德、博尔夏特的诗歌,托马斯·曼的小说,贝多芬、瓦格纳的音乐,20世纪的电影,等等。阿多诺试图借助这些来表明黑格尔哲学中非同寻常的时间因素,只有在时间中我们才能理解运动的矛盾结构。这样,黑格尔的哲学文本在阿多诺这里就变成了某种形式的"星丛"和"模仿",而这已经悄然延伸到否定辩证法之中了。

本书的翻译根据德国苏尔坎普出版社的德文版,参考了麻省理工学院出版社的英文版。有一部分工作是译者在上海手术和治疗期间进行的,当时翻看着保存在手机里的原稿,打发了许多漫长等待的无聊,也给人一种提前康复的错觉。这段经历非同寻常,这本小书也算是一个纪念。多亏家人、师友的关怀和帮助,感激之情,无以言表,只愿在往后的生活和工作中能略作报答。译者早有翻译此书的打算,但总是因为各种原因搁置下来,幸而上海人民出版社的毛衍沁编辑不时客气地催促,才得最终完成。在这个过程中,一开始是指导学生万明雪同学翻译了约一万字,我全部翻译完成后,在南开大学的课程中对初稿进行了讨论,请我的研究生们帮忙校对,他们是田冈昊、陈源(负责《经验内涵》),胡小玲、李菲(负责《晦涩,或者该如何阅读黑格尔》),在此一并感谢。特别感谢多年的好友、四川大学的余玥兄,他不仅帮忙校对了《黑格尔哲学诸方面》一文,还解答了诸多文学上的问题,其在德国哲学和文化方面的素养为翻译提供了保障,另外还要感谢南开大学哲学院的安靖副教授就笛卡尔的拉丁语翻译提供了建议。在本书校对过程中,夏钊博士通读了全书,并提出了许多很有价值的建议,在此特别感谢。阿多诺翻译是一项棘手的工作,让人望而生畏,不得已让译者的笨拙来

应对阿多诺文本的灵巧,只能求"信"第一,"达、雅"其次。译文难免会
有很多瑕疵甚至错误,敬请读者批评指正!

谢永康

2020 年 4 月 22 日于海甸岛

注释

① 参见本书第 116 页。
② 参见本书第 16 页。

图书在版编目(CIP)数据

黑格尔三论/(德)阿多诺著;谢永康译.—上海:
上海人民出版社,2020
(阿多诺选集)
书名原文:Drei Studien zu Hegel
ISBN 978-7-208-16401-7

Ⅰ.①黑… Ⅱ.①阿… ②谢… Ⅲ.①黑格尔(
Hegel，Georg Wilhelm Friedrich 1770-1831)-哲学思想
-研究 Ⅳ.①B516.35

中国版本图书馆 CIP 数据核字(2020)第 048983 号

责任编辑 毛衍沁
封面设计 零创意文化

阿多诺选集

黑格尔三论

[德]阿多诺 著

谢永康 译

出　　版　上海人乄出版社
　　　　　　(200001　上海福建中路 193 号)
发　　行　上海人民出版社发行中心
印　　刷　常熟市新骅印刷有限公司
开　　本　635×965　1/16
印　　张　9.25
插　　页　4
字　　数　121,000
版　　次　2020 年 8 月第 1 版
印　　次　2020 年 8 月第 1 次印刷
ISBN 978-7-208-16401-7/B・1471
定　　价　45.00 元

本书根据德国苏尔坎普出版社(Suhrkamp Verlag)《阿多诺全集》第五卷 *Drei Studien zu Hegel* (1991)译出

阿多诺选集

《道德哲学的问题》

《否定的辩证法》

《美学理论》（修订译本）

《最低限度的道德》

《黑格尔三论》

《认识论元批判》

《棱镜》

《本真性的行话》

本社将继续分批推出阿多诺其他著作,敬请关注。